TORONTO MEDIEVAL LATIN TEXTS 18

TORONTO MEDIEVAL LATIN TEXTS

A Durham
Book of Devotions

Edited from
London, Society of Antiquaries, MS. 7
by
THOMAS H. BESTUL

Published for the
CENTRE FOR MEDIEVAL STUDIES
by the
PONTIFICAL INSTITUTE OF MEDIAEVAL STUDIES
Toronto

Canadian Cataloguing in Publication Data

Main entry under title:
A Durham book of devotions

(Toronto medieval Latin texts ; 18)
Bibliography: p.
ISBN 0-88844-468-0

1. Catholic Church - Prayer-books and devotions -
Latin.   I. Bestul, Thomas H. (Thomas Howard), 1942- .
II. Society of Antiquaries of London. Manuscript. 7.
III. University of Toronto. Centre for Medieval
Studies.   IV. Pontifical Institute of Mediaeval
Studies.   V. Series.

BV4801.D87   1987   242   C87-094947-0

© 1987 by
The Pontifical Institute of Mediaeval Studies
59 Queen's Park Crescent East
Toronto, Ontario, Canada M5S 2C4

Distributed outside North America by
E. J. Brill, Leiden, The Netherlands

PREFACE

The Toronto Medieval Latin Texts series is published for the Centre for Medieval Studies, University of Toronto, by the Pontifical Institute of Mediaeval Studies. The series is intended primarily to provide editions suitable for university courses and curricula, at a price within the range of most students' resources. Many Medieval Latin texts are available only in expensive scholarly editions equipped with full textual apparatus but with little or no annotation for the student; even more are out of print, available only in libraries; many interesting texts still remain unedited.

Editions in this series are usually based on one manuscript only, with a minimum of textual apparatus; emendations are normally made only where the text fails to make sense, not in order to restore the author's original version. Editors are required to select their manuscript with great care, choosing one that reflects a textual tradition as little removed from the original as possible, or one that is important for some other reason (such as a local variant of a text, or a widely influential version). Manuscript orthography and syntax are carefully preserved.

The Editorial Board is not merely supervisory: it is responsible for reviewing all proposals, for examining all specimens of editors' work, and for the final reading of all editions submitted for publication; it decides on all matters of editorial policy.

All volumes in the series are printed by photo-offset lithography. This volume is the first to be prepared on the Centre's new computer-typesetting equipment, which consists of an AT&T UNIX™PC, SoftQuad Publishing Software, and an Apple LaserWriter™Plus.

As General Editor, I would like to thank the Centre for Medieval Studies and its Directors, past and present, for their continuing support and encouragement at all stages in the development of the series.

A.G.R.

ACKNOWLEDGMENTS

For permission to publish this text I am grateful to the Society of Antiquaries of London, and to its librarian John Hopkins for help in obtaining a microfilm of the manuscript. An extract from MS. Laud Misc. 508 is published with the kind permission of the Keeper of Western Manuscripts of the Bodleian Library, Oxford. Thanks are due also to the librarians and staff of the British Library, London. Research for this edition was supported in part by the American Philosophical Society and the Research Council of the University of Nebraska-Lincoln, and I acknowledge this assistance with thanks.

T.H.B.

CONTENTS

INTRODUCTION

Early Devotional Anthologies

The early twelfth-century manuscript, London, Society of Antiquaries, MS. 7, contains a Latin devotional anthology comprising prayers, hymns, and meditations. Prayerbooks of this kind were very common in the Middle Ages and were intended for non-liturgical use; and while they seem most obviously suited to private reading and prayer, it is important to note that this could not have been their exclusive purpose. The Antiquaries manuscript, like other monastic anthologies of its era, is carefully punctuated for reading aloud, perhaps in community during the times set aside for oral reading in the Benedictine Rule.[1] Prayer and meditation outside of the occasions established for formal worship have been from the very first an important part of Christian spirituality: Cyprian distinguishes between public and private prayer as early as 251.[2] In the Western church, however, the earliest surviving examples of prayerbooks that are clearly non-liturgical in nature belong to the eighth and early ninth centuries.[3] Although the oldest manuscripts are English, it appears that the collections received strong influences from the Irish church, and they are properly considered a product of Anglo-Irish monastic culture. The early Irish church seems to have taken particular

---

1 *Regula* c. 38; information is sketchy on what was actually read by monks in community. See the lists published by Ph. Schmitz, 'Les Lectures de table à l'abbaye de Saint-Denis vers la fin du Moyen-Age,' *Revue bénédictine* 42 (1930) 163-7, and 'Les Lectures du soir à l'abbaye de Saint-Denis au XIIᵉ siècle,' *Revue bénédictine* 44 (1932) 147-9. Neither of these lists includes mention of prayers or collections of devotional material. Other carefully punctuated early Anselm manuscripts are Oxford, Bodleian Library, MSS. Bodley 271 and Auct. D. 2. 6.

2 PL 4.265; cited in André Wilmart, *Auteurs spirituels et textes dévots du moyen âge latin* (Paris 1932) pp. 13-14.

3 For a survey see Pierre Salmon, *Analecta liturgica*, Studi e testi 273 (Vatican 1974) pp. 182-94; Henri Barré, *Prières anciennes de l'occident à la Mère du Sauveur: Des origines à saint Anselme* (Paris 1963) pp. 1-17.

care to nourish the inner spiritual life of the individual Christian, as shown most conspicuously by its development of a system of private confession and penance, but the devotional anthology certainly betokens the same concern.

The oldest anthology is found in British Library MS. Royal 2 A.xx, from the second half of the eighth century.[4] This collection begins with extracts from the Gospels, and includes a litany, hymns, and canticles as well as prayers. Thus one finds from the very first what is common in many later prayerbooks, that is the free adoption of liturgical pieces, such as litanies and hymns, for the purposes of private devotion. The largest of the early collections is the prayerbook known as the *Book of Cerne*, a compilation of some seventy-five prayers also containing Gospel extracts. Although it is found in a manuscript of the early ninth century (Cambridge, University Library MS. Ll.1.10), it quite certainly rests on an earlier exemplar, probably written for the use of Aethelwald, Bishop of Lindisfarne, who died in 740.[5] Also belonging to this group of early prayerbooks is the *Book of Nunnaminster* (British Library MS. Harley 2965), from the turn of the ninth century or somewhat earlier, a collection similar in content and arrangement to the *Book of Cerne*.[6]

On the Continent, one of the results of the great ecclesiastical reforms instituted by Charlemagne and continued by his son Louis the Pious was the production of new devotional anthologies, many of which show the influence of the *Book of*

---

4 Edited as an Appendix to *The Prayer Book of Aedeluald the Bishop, Commonly Called the Book of Cerne*, ed. A.B. Kuypers (Cambridge 1902).

5 See the edition of Kuypers, cited above; and Kathleen Hughes, 'Some Aspects of Irish Influence on Early English Private Prayer,' *Studia Celtica* 5 (1970) 48-61; David Dumville, 'Liturgical Drama and Panegyric Responsory from the Eighth Century: A Re-Examination of the Origin and Contents of the Ninth-Century Section of the Book of Cerne,' *Journal of Theological Studies* 23 (1972) 374-406.

6 Edited by Walter deGray Birch, *An Ancient Manuscript of the Eighth or Ninth Century: Formerly Belonging to St. Mary's Abbey, or Nunnaminster, Winchester* (London 1889).

Cerne and other Anglo-Irish collections, an influence undoubtedly due to Charlemagne's dependence on English monks, such as Alcuin, in initiating his programme of revitalization. The Carolingian collections exist in two formats. On the one hand are manuscripts that may properly be called prayerbooks, similar in design to the *Book of Cerne*, except that they do not include Gospel extracts. Examples of these ninth-century collections have been edited by André Wilmart.[7] The other, more common, format for collections of private prayers was for them to be placed at the end of Psalter manuscripts, usually following the Canticles. This can be taken as a sign of the growing recognition of the value of the Psalter as an aid to private devotion, a consequence of the ninth-century reforms.[8]

The Benedictine reform movement begun on the Continent reached England in the mid-tenth century, and after a long period of interruption collections of private prayers were once again produced in English monasteries. These collections, which include both independent prayerbooks and groups of prayers at the end of Psalters, largely follow Carolingian models, but occasionally reveal the influence of the earlier generation of Anglo-Irish anthologies. A good example of an independent prayerbook is the early eleventh-century British Library MS. Cotton Galba A.xiv, from the New Minster, Winchester.[9] Several important devotional anthologies are found in Psalter manuscripts written at Christ Church, Canterbury, in the course of the eleventh century.[10]

---

7 André Wilmart, *Precum libelli quattuor aevi Karolini* (Rome 1940), and see Pierre Salmon, 'Livrets de prières de l'époque Carolingienne,' *Revue bénédictine* 86 (1976) 218-34; 90 (1980) 147-9.

8 See, for example, the Preface to the tract *De psalmorum usu*, PL 101.465.

9 Discussed by Edmund Bishop, *Liturgica historica* (Oxford 1918) pp. 384-91; Old English texts printed in R.A. Banks, 'Some Anglo-Saxon Prayers from British Museum MS. Cotton Galba A.xiv,' *Notes and Queries* 210 (1965) 207-13, and in W. Braekman, 'Some Minor Old English Texts,' *Archiv* 202 (1965) 271-5.

10 Examples are BL MS. Arundel 155, BL MS. Cotton Vespasian A.i (quire added to eighth-century Psalter), and Vatican Library MS. Reg. lat. 12.

Anselm of Canterbury

Although anthologies of the Carolingian type continued to be
produced on the Continent and in England to the very end of
the eleventh century and even beyond, a remarkable change
in the character of Western devotional writing is signalled by
the *Orationes sive meditationes* of Anselm of Canterbury, a
work written for the most part in the years 1061-1078, while
he was a monk at the Norman abbey of Bec.[11] A large selection of these prayers and meditations is included in the Antiquaries manuscript. Although it is important to remember that
Anselm's devotional work belongs to a tradition extending
back to the *Book of Cerne*, and that his own innovations
within the genre of private prayer have parallels among the
works of his contemporaries, it is nevertheless accurate to say
that Anselm is boldly innovative in devotional writing, creat-
ing an idiom that is at once emotionally more expressive and
theologically more precise than that of his predecessors or
contemporaries. In Anselm's prayers and meditations one
finds first of all a largeness of conception, an unprecedented
grandeur of scale, yet combined with an intense, emotional
focus on the subject matter of the prayers, in a style that is
effusive and unrivalled in medieval devotional writing up to
this time for its ability to express the outpouring of personal
feeling. His three prayers to the Virgin are a landmark in
Marian devotion, and the great prayer to St. Paul (no. 10, ed.
Schmitt) is a dazzling performance in its extravagant word
play and inventive use of paradox. Anselm changed the
course of Western devotional writing, setting a new standard
for subsequent authors to such an extent that his contribution
has been styled by R.W. Southern as the 'Anselmian Revolu-
tion.'[12]

---

11 See R.W. Southern, *Saint Anselm and his Biographer* (Cambridge 1963)
pp. 34-47.
12 Southern, *Saint Anselm* p. 42.

Anselmian Devotional Anthologies

Anselm's *Orationes sive meditationes* circulated in his life-
time, as we know from his correspondence,[13] and after his
death they were included in early manuscripts of his *opera
omnia,* such as Oxford, Bodleian Library MS. Bodley 271.
However, the medieval reader was more likely to encounter
Anselm's prayers and meditations as part of an anthology
with a wide range of other devotional works. The Antiquaries
manuscript is a good representative of this type of anthology,
which was found in large numbers in the twelfth century both
on the Continent and in England. Shortly after Anselm's
death in 1109, anthologies began to be composed combining
Anselm's genuine work with other prayers, hymns, and meditations. The additions might include prayers from the Carolingian era, and the works, often anonymous, of Anselm's contemporaries or imitators.[14] The present edition offers for the
first time a selection of this matter as it is found in a medieval
manuscript, and well illustrates the diversity of origin and the
miscellaneous character of such twelfth-century anthologies.
From the Antiquaries collection one gains a sense of how
Anselm's devotional work was transmitted to the medieval
audience, and from study of the individual pieces one
acquires an understanding of the cultural and intellectual con-
text of the *Orationes sive meditationes,* of its indebtedness to
previous traditions and its originality, and of its influence on
contemporary devotional writing. Sometimes the non-
Anselmian work was correctly attributed to the proper author,
as it is for the most part in the Antiquaries manuscript, but
often it was not, so that by the end of the century, through a
process of gradual accretion, Anselm's prayers and meditations circulated with a great mass of spurious material

---

13 See *Epp.* 10, 28, 55, 70, 325, in *Anselmi opera omnia,* ed. F.S. Schmitt
    (Seckau, Rome, Edinburgh 1938-61).
14 Thomas H. Bestul, 'St. Anselm and the Continuity of Anglo-Saxon
    Devotional Traditions,' *Annuale mediaevale* 18 (1977) 20-41.

falsely attributed to his authorship.[15]

The Antiquaries anthology, and others like it, represent an early stage in the development of the devotional anthology which had at its core the *Orationes sive meditationes* of Anselm. Here the attributions are rather carefully made and the genuine work of Anselm is marked off from the rest of the works included. By the thirteenth and fourteenth centuries the situation had much changed. A large body of matter had by this time been gathered into these anthologies which was often attributed indiscriminately to Anselm, and in sheer quantity quite overwhelmed his genuine nineteen prayers and three meditations. An example of a fourteenth-century anthology of this type is Cambridge, Corpus Christi College MS. 284, from St. Augustine's, Canterbury, which includes nearly all the items printed by Migne as Anselm's in his edition of the *Orationes sive meditationes* (PL 158.709-1016). Migne's edition, based on that of Gabriel Gerberon (Paris 1675) quite accurately reflects, through a line of previous editions, the late medieval manuscript tradition of the *Orationes sive meditationes*.

Contents of the Antiquaries Anthology

In the fourteenth century the contents of the anthology in folios 5-150v were numbered **1-34**. In the following description I adopt this numbering scheme except in those instances (items **5, 8,** and **33**) when the number refers to more than one item. Here I supply alphabetical suffixes to avoid confusion. In this edition, the genuine prayers and meditations of Anselm are not printed because they are readily available in the excellent edition of F.S. Schmitt.[16] In the Appendix I list printed editions of the items in the anthology (excluding the work of

---

15 On the development of the Anselmian apocrypha, see André Wilmart, 'La Tradition des prières de saint Anselme,' *Revue bénédictine* 36 (1924) 52-71; and *The Prayers and Meditations of St. Anselm,* trans. Benedicta Ward (Harmondsworth 1973) pp. 275-86.

16 *Anselmi opera omnia,* ed. F.S. Schmitt, III (Edinburgh 1946) 1-91.

Anselm), arranged according to the numbers given below.

The first item in the anthology is a long meditation addressed to the persons of the Trinity marked into three *divisiones,* beginning 'Domine deus meus da cordi meo,' 'Invoco te deus meus,' and 'O iam diuini amor.' This meditation became extremely popular in the late Middle Ages and is often attributed to either Anselm or Augustine.[17] In the Antiquaries manuscript a fourteenth- or fifteenth-century hand has supplied the title, 'Meditationes Augustini sive meditationes Anselmi' (fol. 5r). Modern scholars have speculatively attributed the meditation to Anselm's fellow Norman, John of Fécamp (d. 1078).[18]

Item **2**, 'Anima mea, anima erumpnosa,' without attribution, is Anselm's meditation on his lost virginity (*Meditatio 2* in the Schmitt edition; subsequent numerical references to the prayers and meditations of Anselm follow Schmitt's numbering).

Item **3**, 'Deus inestimabilis misericordiae,' is a Carolingian prayer found in the *Officia per ferias* attributed to Alcuin.[19]

---

17 Other twelfth-century English Anselm MSS including it are Cambridge, Pembroke College MS. 154; Oxford, Bodleian Library MS. Auct. D. 2. 6; Bodleian Library MS. Laud Misc. 508; and BL MS. Cotton Vespasian D.xxvi; see Thomas H. Bestul, 'The Collection of Anselm's Prayers in British Library, MS. Cotton Vespasian D.xxvi,' *Medium Ævum* 47 (1978) 1-5. The meditation is printed in Migne's edition as Prayers 10, 2, and 14. For versions attributed to Augustine, see Franz Römer, *Die handschriftliche Überlieferung der Werke des heiligen Augustinus* II/1, Österreichische Akademie der Wissenschaften, Philosophisch-historische Klasse, Sitzungsberichte 281 (Vienna 1972) 123-5. This meditation forms chs. 1-9 of the pseudo-Augustinian *Meditationes* in the early printed editions of Augustine's works; see PL 40.901-9.

18 The oldest known MS of the meditation (Metz, Bibliothèque municipale MS. 245, from the fourth quarter of the eleventh century) includes the devotional work of John of Fécamp and some of the prayers and meditations of Anselm; see Gillian R. Evans, 'Mens devota: The Literary Community of the Devotional Works of John of Fécamp and St. Anselm,' *Medium Ævum* 43 (1974) 105-15.

19 PL 101.524-6; a much abbreviated version is included in the Migne edition of Anselm as Prayer 8 (PL 158.876).

Item **4**, 'Clementissime deus qui me inutilem famulum. tuum,' is a prayer found in a pre-Conquest devotional collection from Christ Church, Canterbury.[20]

Item **5a**, 'Domine deus omnipotens qui es trinus et unus,' is a version of the widely disseminated late eleventh- or early twelfth-century prayer often attributed to Augustine.[21]

Item **5b**, 'Adonay domine deus,' edited here for the first time, is found elsewhere in a twelfth-century Anselmian anthology from the Norman abbey of Mortemer.[22]

Item **6**, 'Deus universitatis conditor,' attributed here to Augustine, is based closely on his *Soliloquia* (1.2-6), and is a Carolingian prayer found in the *Officia per ferias* (see item **3**).[23]

Item **7**, 'Iuste iudex Iesu Christe,' here unattributed, is a hymn of Berengar of Tours (d. 1088), which is found in other Anselmian anthologies.[24]

Items **8a**, 'Aue gloriosissima omnium lignorum,' and **8b**, 'Domine Iesu Christe gloriosissime conditor mundi,' are prayers found, along with item **4**, in pre-Conquest Christ Church devotional anthologies.[25] Item **8a** is also found in other twelfth-century English Anselm manuscripts.[26]

Item **8c**, 'Omnipotens deus et misericors pater,' added to the anthology in a later twelfth-century hand and here unattributed, is Anselm's prayer to God (*Oratio* 1 in the Schmitt edition).

---

20 BL MS. Arundel 155, fols. 180v-181v; in Ferdinand Holthausen, 'Altenglische Interlinearversionen lateinischer Gebete und Beichten,' *Anglia* 65 (1941) 249-50.

21 See André Wilmart, *Auteurs spirituels* pp. 571-7.

22 Paris, Bibliothèque nationale MS. lat. 2882, fols. 88v-89v.

23 PL 101.580-82; the oldest text (second half of the eighth century) is in BL MS. Royal 2 A.xx (Kuypers, pp. 210-11).

24 For Berengar's authorship, see Josef Szövérffy, *Die Annalen der lateinischen Hymnendichtung: Ein Handbuch*, I (Berlin 1964) 408; the hymn is found in the Anselmian anthology, Paris, Bibliothèque nationale MS. lat. 2882, fol. 76r.

25 Item **8a** is in BL MS. Cotton Vespasian A.i, fols. 159r-160r; item **8b** is in BL MS. Arundel 155, fol. 172v (Holthausen, pp. 233-5).

26 For example, Bodleian Library Laud Misc. 79, fols. 108v-109v; it is included in the Migne edition as Prayer 42 (PL 158.937-9).

Item **9**, 'Orationes siue meditationes quae subscripte sunt,' is Anselm's Prologue to his *Orationes sive meditationes;* this is followed by a title, 'Meditationes editae ab Anselmo Cantuariensi archiepiscopo.' Item **10**, 'Terret me uita mea,' is Anselm's *Meditatio* 1 on the Last Judgment; item **11**, 'Domine Iesu Christe redemptio mea,' is his *Oratio* 2 (to Christ); item **12**, 'Dulcis et benigne domine Iesu Christe,' is *Oratio* 18 (for friends); item **13**, 'Omnipotens et pie domine Iesu Christe,' is *Oratio* 19 (for enemies); item **14**, 'Maria, tu illa magna Maria,' is *Oratio* 7 (to the Virgin); item **15**, 'Uirgo mundo uenerabilis,' is *Oratio* 6 (to the Virgin); item **16**, 'Sancte Paule, tu magne Paule,' is *Oratio* 10 (to St. Paul); item **17**, 'Sancte et beate Iohannes,' is *Oratio* 11 (to St. John the Evangelist); item **18**, 'Sancte Iohannes, tu ille Iohannes, unus de magnis,' is *Oratio* 12 (to St. John the Apostle); item **19**, 'Sancte Stephane, beate Stephane,' is *Oratio* 13 (to St. Stephen); item **20**, 'Peccator seruule tu multum indigens,' is *Oratio* 14 (to St. Nicholas; here to any saint), and item **21**, 'Sancta Maria Magdalene quae cum fonte,' is *Oratio* 16 (to St. Mary Magdalene).

Item **22**, 'Singularis meriti sola sine exemplo,' is the prayer to the Virgin of Maurilius of Rouen (d. 1067), and is here correctly attributed. This prayer is frequently included in devotional anthologies with the work of Anselm and later becomes attributed to him.[27]

Item **23**, 'Sancta et inter sanctos post deum,' is the first of Anselm's three great prayers to the Virgin (*Oratio* 5).

Item **24**, 'O beata et intemerata,' is a popular prayer to the Virgin, often found in other twelfth-century anthologies, and is later attributed to Anselm.[28]

Items **25a**, 'Imperatrix reginarum,' and **25b**, 'Salue regina omnium,' are two anonymous hymns to the Virgin found also in other Anselmian anthologies.[29]

---

27 See Wilmart, *Auteurs spirituels* pp. 480-81; Barré, pp. 180-84.
28 Wilmart, *Auteurs spirituels* pp. 474-504.
29 Both are found in BL MS. Cotton Vespasian D.xxvi, fols. 93r-94v (see Bestul, *Medium Ævum* 47 [1978] p. 3).

Items **26**, 'Sancte Iohannes, tu ille Iohannes qui deum,' and **27**, 'Sancte et benignissime Petre,' are Anselm's prayers, respectively, to St. John the Baptist and St. Peter (*Orationes* 8 and 9).

Item **28**, 'Sancte et pie Andrea,' is a popular prayer to St. Andrew very frequently found in other twelfth-century devotional anthologies and is later attributed to Anselm.[30]

Item **29**, 'O decus Anglorum,' is a hymn to St. Cuthbert, and item **30**, 'Deus uerax et pius,' is a prose prayer to the same saint that has not previously been edited.[31]

Item **31**, 'Spes tribulatorum,' is a metrical prayer in honour of St. Nicholas that has not been edited before.

Item **32**, 'Sancte et beate Benedicte,' is Anselm's prayer to St. Benedict (*Oratio* 15).

Items **33a, 33b**, and **33c** form a series of meditations on the Holy Ghost, beginning 'Sancte sanctorum omnium sanctificator,' 'Paraclite spiritus, deus totius consolationis,' and 'Deus dator donorum.'

Item **34**, 'Uirgo mater et mater dei,' the last item in the original anthology, is a partial text of a meditation (lacking a conclusion in this manuscript) in honour of the Virgin. Both this and item **33** are edited here for the first time.

As can be seen, the bulk of the Antiquaries anthology is formed by the *Orationes sive meditationes* of Anselm. All of the genuine prayers and meditations are included except Prayers 1, 3, 4, and 17 (ed. Schmitt), and the *Meditatio redemptionis humanae*. These omissions are not untypical. Prayers 1 (to God), 3 (on receiving the body and blood of Christ), and 4 (to the Holy Cross), have the slightest manuscript tradition of all the prayers and are missing from several early twelfth-century collections. The *Meditatio redemptionis humanae*, written much later than the other prayers and meditations, and more theological in character, is often found independently or with the theological tracts. The exclusion of

30 Wilmart, *Revue bénédictine* 36 (1924) pp. 69-70.
31 Both are found in another Durham MS, the late twelfth-century Bodleian Library MS. Laud Misc. 491; 'O decus Anglorum' is edited from this MS in *Analecta hymnica* 46.250-51.

Prayer 17, to the patron saint of a church, is more of an anomaly, but perhaps it was omitted because the need for such a prayer was supplied by the prayer to St. Cuthbert, item 30, which refers to Cuthbert as 'patronum nostrum beatissimum.' Anselm's Prayer 14, which is addressed in most manuscripts to either St. Martin or St. Nicholas, is here uniquely (to my knowledge) entitled 'Oratio ad sanctum quemcunque' (item 20), and all references to the name of a saint are replaced by *N*. It appears that the *quemcunque* of the title and the occurrences of *N* in the text may have been written over erasures. If Nicholas were the saint originally addressed, the alteration to *N* would have been relatively easy, and perhaps another user or a corrector of the manuscript felt that St. Nicholas was adequately commemorated by item 31. The prayer also begins with an unusual variant, 'Peccator seruule,' in place of the 'Peccator homuncule' of the received text.

Among twelfth-century Anselmian anthologies, this one is unique in the attention paid to St. Cuthbert (items 29 and 30), a certain mark of its origin in Durham, where Cuthbert was especially revered. His body had been moved to Durham in 995, and in 1104 was translated to a shrine near the high altar of the present cathedral, which had been begun in 1093.[32] This momentous event took place within a generation or two at most of the writing of this manuscript. In the Antiquaries manuscript Cuthbert's name is consistently written in capitals and highlighted with a yellow wash. Both the hymn and the prayer draw on Bede's prose *Vita sancti Cuthberti* for details about the saint's life, as indicated in the notes. The manuscript is also evidence of Anselm's popularity in the North of England in the years following his death. The prayers and meditations seem to have been popular all over England in the twelfth century – we have several manuscripts from the Southeast, as one would expect, but also from more remote centres, such as the Cistercian abbey of Buildwas in Shropshire, the priory of Lanthony in Gloucestershire, and the

---

32 Bertram Colgrave, *Two Lives of Saint Cuthbert* (Cambridge 1940) p. 357; Reginald of Durham, *Libellus de admirandis Beati Cuthberti virtutibus,* Surtees Society 1 (London 1835) cc. 40-43.

Hospital of St. Mark in Bristol.[33]

To offer a general assessment of the contents of the Antiquaries manuscript is difficult in view of the diversity of its contents, but a few observations may be made. Some of the items clearly reflect contemporary devotional taste and approach the genuine work of Anselm both in the fervour of their style and in their relatively sophisticated treatment of devotional themes. Examples worthy of comparison with Anselm are items 1 (the meditation on the Trinity), 22 (the prayer to the Virgin of Maurilius of Rouen), 28 (to St. Andrew), and 33 and 34 (the meditations on the Holy Ghost and the Virgin). The latter two especially exemplify a style which is sometimes marked by extended, even contrived, metaphor, and offer subtle analyses of such topics as contemplation and the Incarnation. The Carolingian items, 3 ('Deus inestimabilis misericordiae') and 6 ('Deus uniuersitatis conditor'), together with 5a ('Domine deus omnipotens, qui es trinus et unus'), and perhaps 1 ('Domine deus meus, da cordi meo'), may be taken as the Augustinian portion of the anthology. The Carolingian items, in their length and effusiveness of style, are among those belonging to the corpus of Carolingian prayers most likely to appeal to the new devotional tastes. The two items to St. Cuthbert (29 and 30) are erudite in their skillful use of Bede's *Vita* as a source and their occasional employment of a complex style and recondite vocabulary. The first phrase of 29 ('O decus Anglorum') is, if not an allusion to Cicero's fragmentary *Odyssea* ('O decus Argolicum'), at least a learned formula.[34]

---

33 These are, respectively, Cambridge, Pembroke College MS. 154; London, BL MS. Royal 8 D.viii; and Oxford, St. John's College MS. 165, the last of which may be early thirteenth-century. Another twelfth-century Durham manuscript of the *Orationes sive meditationes* is Cambridge, Jesus College MS. 76.

34 Cf. Dieter Schaller and Ewald Könsgen, *Initia carminum Latinorum saeculo undecimo antiquiorum* (Göttingen 1977) nos. 10849, 10850, 10851, 10852; Hans Walther, *Initia carminum ac versuum medii aevi posterioris Latinorum* (Göttingen 1959) nos. 7875, 12573, 12577, 12578.

The Manuscript

The Antiquaries manuscript has been well described by
R.A.B. Mynors and N.R. Ker, to whom the reader is referred
for more detail than is possible here.[35] Ker dates the manuscript as belonging to the first half of the twelfth century, and
a date near 1125 seems most likely. The contents (items 29
and 30, addressed to St. Cuthbert) suggest that it was written
at Durham; it was certainly at Durham at the end of the fourteenth century, when an inscription written on folio 5r shows
that it belonged to the Cathedral library. The main part of the
anthology (fols. 5r-150v) is well written in two very similar
hands. The first begins on folio 5r and continues to folio 135r,
the conclusion of item 32, Anselm's prayer to St. Benedict
(no. 15, ed. Schmitt). The second hand has added the last
items in the original anthology, 33 (in three parts) and 34. The
manuscript has no illustrations, but many of the items are
begun by handsome ornamented initials in several colours.
The anthology itself falls into two parts. Items 1-8b form the
first section, with folios 39v and 40r originally left blank after
the conclusion of 8b at the foot of folio 39r. The attributed
work of Anselm and the rest of the anthology begins on folio
40v and continues to the foot of folio 150v, where the text of
item 34 breaks off in mid-sentence. In the edition, I have supplied the conclusion to this meditation from Bodleian Library
MS. Laud Misc. 508.

Additions to the Manuscript

As is typical of devotional anthologies, this one was subject to
alteration and enlargement in the course of time. Early in the
fifteenth century a table of contents, a prayer, and other matter
were added on leaves added to the beginning of the manuscript (fols. 1-3), which are not edited here. As noted above,

---

35   R.A.B. Mynors, *Durham Cathedral Manuscripts to the End of the Twelfth
     Century* (n.p. 1939) p. 53; N.R. Ker, *Medieval Manuscripts in British
     Libraries* I (Oxford 1969) 295-6.

the items on folios 5r-150v were numbered 1-34 in the four-teenth century. The manuscript was also corrected probably in the late fourteenth or early fifteenth century, possibly by the same scribe who supplied the numbering and perhaps the table of contents. The corrector was particularly active in the first item of the anthology, where his corrections usually reflect a different and later textual tradition of this popular devotion.

Late in the twelfth century, or perhaps around the turn of the thirteenth, additional prayers were added to the original anthology. On one of the blank folios (fol. 39v) at the end of the first section of the anthology, a scribe has copied An-selm's *Oratio ad deum* (no. 1, ed. Schmitt), which was not included in the original collection (item **8c**). In a different but roughly contemporary hand two prayers were added (items **35** and **36**) in a section of the manuscript (fols. 151-5) joined to the original anthology, probably after the loss of the conclu-sion to item **34**. This section includes a prayer in another twelfth-century hand (item **37**), a prayer in the same hand that added Anselm's *Oratio ad deum* (item **38a**), a prayer in a hand of the fifteenth century (item **38b**), and finally a short prayer in still another twelfth-century hand (item **39**), con-cluding the manuscript as we have it. These items are not edited here, but are noted in their proper sequence in order to give the reader an idea of the composition of a typical devo-tional anthology; they are a good witness to the fact that anthologies of this kind often underwent changes as they were modified to meet the needs of different times and places. It should be remembered, however, that the anthology as it was originally conceived included items **1-34** only, exclusive of **8c**.

Editorial Principles

I give the items in the order in which they appear in the manuscript, using the fourteenth-century numbering for items 1-34, modified by alphabetic suffixes. Following Ker, I extend the fourteenth-century numbering to items 35-9. The titles of the items are those of the manuscript and were written by the twelfth-century scribes. For the Anselm items not edited in this volume I give the number and title as in the manuscript, the incipit, and a reference to the Schmitt edition.

The text of this edition follows the spelling of the manuscript, including the consistent use of *u* for *u/v* and the inconsistent use of the graphs *U* and *V* for the majuscule. I have expanded hooked *e* as *ae* even in words where classical Latin demands an *oe* spelling. The scribe was by no means consistent in his use of the hooked *e:* thus we have *caelum* beside *celum*, *aecclesia* and *ecclesia*. The scribe also sometimes used the hooked *e* in spelling the final *e* of adverbs, of vocative adjectives, or of the imperative singular of verbs; I render these simply as *e*. Instances of this are: *momentanee* 1/42; *gloriose* 1/294; *iuste* 1/332; *restitue* 25b/102; *sancte* 17/1, 18/1, 19/1, 29/58, 33a/115, 120, 128, and 136, 33b/7, 33c/4, 34/21 and 30. *P* with a line over it is expanded as *prae,* except where sense suggests it should be spelled *pre,* as in *preces*. The abbreviations for *sed* and *michi* are expanded thus following spellings in full in the manuscript (e.g. *sed* 6/107, *michi* 7/23), as are the abbreviations for words such as *nanque* and *nunquam* with a nasal stroke before *qu* (e.g. *nanque* 3/43, *quemcunque* 1/452). Expansions of other abbreviations are made in the text without comment. I have capitalized proper names, even though these are almost never capitalized in the manuscript. Capitals beginning sentences are those of the manuscript. I have preserved small capitals for the names Cuthbert and Nicholas when these occur in the manuscript, since this usage may indicate the special veneration for these saints at Durham. Paragraph divisions in the prose items have manuscript authority: they are signalled either by enlarged capitals or by the addition of the paragraph sign in the margin

or before the beginning of a sentence. For both methods I
have substituted modern paragraph breaks.

A special word is required about punctuation. As noted
above, the manuscript is methodically punctuated for the purpose of oral reading; R.W. Southern has shown that the care-
ful system of punctuation well illustrated by the Antiquaries
manuscript reaches its highest degree of perfection in the
monastic scriptoria of the early years of the twelfth century,
and then rapidly falls into decline.[36] I have, accordingly,
thought it worthwhile to attempt to reproduce this system by
following manuscript usage in punctuation and division of
sentences. It must be observed that, in contrast to modern
practice, in sentence division and in the use of punctuation
marks the requirements of oral reading take precedence over
considerations of grammar. Thus the division and pointing
tend often to accentuate parts of the discourse requiring ora-
torical emphasis rather than marking off grammatical rela-
tionships.

The *punctus elevatus*, or 'inverted semicolon,' is used to
indicate a place within the sentence where the voice rises to a
peak before falling. This I have rendered always as a colon.
The *punctus*, which in this manuscript is a dot raised slightly
above the line, I render as a comma or a period, depending on
whether the point is at the end of the sentence or not. As in
modern usage, the medial point represents a pause and the
final point a full stop. The question mark is also found in the
manuscript and is in accord with modern practice. All quota-
tion marks appearing in the text are my additions.

The scribe has two further devices to aid in reading aloud.
A system of vertical strokes is used to mark divisions in his
sentences: sometimes they are combined with the point, and
at other times they stand alone, apparently to mark lesser
pauses. My text gives the vertical strokes where they are independent of the point, and where they are used to guide the oral

36 R.W. Southern, *The Life of St. Anselm by Eadmer* (London 1962) pp.
xxv-xxxiv; Southern's discussion of MS punctuation in the early twelfth
century is particularly valuable.

reader rather than to mark separations between run-on words. I also include the many accent marks which the scribe places over words to facilitate oral reading.

There are a few anomalies in the system, which I keep in my text. Sentences usually end with a *punctus,* the new sentence beginning with a capital. In four instances (1/124, 6/38, 22/5, 28/14), however, the final mark of punctuation is the *punctus elevatus.* In two cases (29/21, 33a/112), the scribe fails to capitalize following a question mark.

In a very few instances the scribe omits the final point in a sentence; I have supplied these without comment. And in the single instance (22/27) where he fails to capitalize the first word of a sentence beginning a new paragraph, I have supplied a capital letter.

In the verse items a somewhat freer treatment is followed. Partly because of manuscript format, punctuation is missing at the end of many of the lines of item 29. In item 25b/64, 84, 92, I supply question marks where the text has only points. In item 7 I do not follow the practice of the manuscript in capitalizing the second half-line of each verse.

The scribes of the Antiquaries manuscript made very few errors and consequently the text given here has been little emended. I have accepted into my text the scribe's corrections of his own work, that is, where he has supplied missing letters, syllables, or words; these routine corrections required by the sense are not recorded in the Textual Notes. Corrections not unequivocally the scribe's own are identified in the Textual Notes by the abbreviation *corr.* without qualification. The scribe shows some uncertainty about the use of the subjunctive mood, using the indicative where the subjunctive would be expected in classical Latin (see the explanatory and textual notes on *promerui* 1/38, *delectat* 5a/18, *concinunt* 6/11, *facies* 29/30), and sometimes correcting from one to the other (see textual notes on *custodias* 5a/4, *iaceant* 33b/46, *appetat* 33b/60, *perlustras* 8a/11, *restauras* 8a/13).

The activities of the late fourteenth- or early fifteenth-century corrector are recorded in the Textual Notes. He adds words in the margin, words or letters above the line by a caret, and sometimes erases all or part of a word and substitutes a new reading. I have rejected his corrections except where the original reading has been obliterated and the added word or letters are required for the sense. I have also accepted a few instances where he has corrected obvious misspellings, and in five cases I have adopted his addition of words where the sense requires them (*quasi* 1/110, *filio* 1/159, *merear* 4/28, *et* 7/1, *ut* **8a**/27).

Words or letters in pointed brackets ⟨...⟩ have been supplied from other manuscripts, or by the late corrector, or by me; words in square brackets [...] are to be deleted. My practice has been to emend only when necessary, and then to give readings from other twelfth-century Anselmian anthologies whenever possible. The anthology most similar in content to the Antiquaries collection is in Bodleian Library MS. Laud Misc. 508. This is a late twelfth-century English manuscript which includes ten of the prayers of Anselm, as well as items **1, 4, 5a, 7, 28, 33a, 33b, 33c**, and **34** of the present anthology. As noted above, this manuscript is used to complete the text of item **34**. Other twelfth-century English Anselmian anthologies used in the notes are Cambridge, Pembroke College MS. 154; London, British Library MS. Cotton Vespasian D.xxvi; and Oxford, Bodleian Library MS. Laud Misc. 79. A selection of significant variants from these and other sources is given in the Textual Notes.

In the explanatory footnotes I record meanings and words not found in Lewis and Short's *Latin Dictionary*. For these I relied on R.E. Latham's *Revised Medieval Latin Word List* and Albert Blaise's *Lexicon Latinitatis medii aevi*. I also call attention to unusual spellings and to places where the medieval spelling may lead to confusion.

In the Appendix I give bibliographical information, keyed to the number in the anthology, for each item (excluding those by Anselm) which has been printed before. Items **5b, 30, 31, 33a, 33b, 33c**, and **34** are, so far as I am able to tell, printed here for the first time.

The following abbreviations are used: BL = British Library, CL = Classical Latin; PL = Patrologiae cursus completus, series Latina, ed. J.P. Migne.

BIBLIOGRAPHY

Analecta hymnica medii aevi, ed. Clemens Blume and Guido
  M. Dreves, 55 vols. (Leipzig 1886-1922, repr. New York
  1961)
Anselm. *Anselmi opera omnia,* ed. F.S. Schmitt, 6 vols.
  (Seckau, Rome, Edinburgh 1938-61; repr. Stuttgart 1968)
  [*Orationes sive meditationes* in vol. III, pp. 1-91]
————. *Liber meditationum et orationum,* PL 158.709-1020
————. *The Prayers and Meditations of St. Anselm,* trans.
  Benedicta Ward (Harmondsworth 1973)
Barré, Henri. *Prières anciennes de l'occident à la Mère du
  Sauveur: Des origines à saint Anselme* (Paris 1963)
Bestul, Thomas H. 'The Collection of Anselm's Prayers in
  British Library, MS. Cotton Vespasian D.xxvi,' *Medium
  Ævum* 47 (1978) 1-5
————. 'St. Anselm and the Continuity of Anglo-Saxon
  Devotional Traditions,' *Annuale mediaevale* 18 (1977)
  20-41
Colgrave, Bertram, ed. *Two Lives of Saint Cuthbert* (Cam-
  bridge 1940, repr. New York 1969)
Evans, Gillian R. 'Mens Devota: The Literary Community of
  the Devotional Works of John of Fécamp and St. Anselm,'
  Medium Ævum 43 (1974) 105-15
Ker, N.R. *Medieval Manuscripts in British Libraries* vol. I
  (Oxford 1969)
Kuypers, A.B., ed. *The Prayer Book of Aedeluald the Bishop,
  Commonly Called the Book of Cerne* (Cambridge 1902)
Lateinische Hymnen des Mittelalters, ed. Franz Joseph Mone,
  3 vols. (Freiburg im Breisgau 1853-5, repr. Aalen 1964)
Mynors, R.A.B. *Durham Cathedral Manuscripts to the End of
  the Twelfth Century* ([Durham] 1939)
Salmon, Pierre. *Analecta liturgica,* Studi e testi 273 (Vatican
  1974)
————. 'Livrets de prières de l'époque Carolingienne,'
  Revue bénédictine 86 (1976) 218-34; 90 (1980) 147-9
Southern, R.W. *Saint Anselm and his Biographer* (Cambridge
  1963)

Szövérffy, Josef. *Die Annalen der lateinischen Hymnen-dichtung: Ein Handbuch,* 2 vols. (Berlin 1964)

Wilmart, André. *Auteurs spirituels et textes dévots du moyen âge latin* (Paris 1932, repr. 1971)

——. *Precum libelli quattuor aevi Karolini* (Rome 1940)

——. 'La Tradition des prières de saint Anselme,' *Revue bénédictine* 36 (1924) 52-71

Appendix

Previously printed editions of the items in Society of Antiquaries, MS. 7

(The list is arranged according to the number given in the text, and excludes the work of Anselm; see the Bibliography for works cited here by short title.)

1	PL 40.901-9; PL 158.877-85, 858-65, 888 (prayers 10, 2, 14)
3	PL 101.524-6; PL 101.1404-5; Wilmart, *Precum libelli* pp. 21-4
4	Ferdinand Holthausen, 'Altenglische Interlinearversionen lateinischer Gebete und Beichten,' *Anglia* 65 (1941) 249-50 (BL MS. Arundel 155)
5a	PL 101.589-91; PL 101.1400-01; Wilmart, *Auteurs spirituels* pp. 573-7
6	PL 101.580-82; PL 101.1397-8; Kuypers, pp. 210-11 (BL MS. Royal 2 A.xx)
7	*Lateinische Hymnen* 1.359-60
8a	PL 158.937-9
8b	Wilmart, *Precum libelli* pp. 13-14; Holthausen, pp. 233-4 (see **4** above)
22	PL 158.946-8; Barré, pp. 180-84
24	PL 158.959-60; Wilmart, *Auteurs spirituels* pp. 488-90
25a	*Analecta hymnica* 20.154-5
25b	*Analecta hymnica* 46.176-8
28	PL 158.983-5
29	*Analecta hymnica* 46.250-51

A DURHAM BOOK OF DEVOTIONS

London, Society of Antiquaries, MS. 7

1

5r Forma precum digna scelerum confessio plena

Domine deus meus da cordi meo te desiderare, desiderando
quaerere, querendo inuenire, inueniendo amare, amando mala
mea redimere, redempta non iterare. Da domine deus meus
cordi meo penitentiam, spiritui contritionem, oculis
5 lacrimarum fontem, manibus elemosine largitatem. Rex meus
extingue in me desideria carnis, et accende uim tui amoris.
Redemptor meus expelle a me spiritum superbiae, et concede
propicius thesaurum humilitatis tuae. Saluator meus amoue a
me furorem ire, et indulge michi benignus serenum patientiae.
10 Creator meus euelle a me animi rancorem, et largire michi
mitis mentis dulcedinem. Da clementissime pater solidam
5v michi fidem, spem congruam, / caritatem continuam. Rector
meus auerte a me uanitatem, mentis inconstantiam, cordis
uagationem, oris scurilitatem, oculorum elationem, uentris
15 ingluuiem, opprobria proximorum, scelera detractionum,
curiositatis pruriginem, diuitiarum cupidinem, potentatuum
rapinam, inanis gloriae appetitum, ypocrisis malum,
adulationis neuum, contemptum inopum, oppressionem
debilium, auaritie ardorem, inuidie rubiginem, blasphemiae
20 mortem. Reseca in me factor meus temeritatem, iniquam
pertinatiam, inquietudinem, otiositatem, somnolentiam,
pigritiam, mentis ebitudinem, cordis cecitatem, sensus
obstinationem, morum truculentiam, boni inobedientiam,
consilii repugnationem, linguae effrenationem, pauperum
25 praedam, impotentum uiolentiam, innocentum calumpniam,
subditorum negligentiam, circa domesticos seueritatem,
6r aduersus familiares impietatem, erga proximos / duritiam.
Deus meus misericordia mea oro per dilectum filium tuum: da
michi misericordiae opera, pietatis studia, compati afflictis,
30 subuenire egenis, succurrere miseris, consulere erroneis,
consolari mestos, releuare oppressos, pauperes recreare,
flebiles refouere, dimittere debitoribus, parcere in me
peccantibus, odientes me diligere, pro malis bona reddere,

1/9   *serenum = serenitatem*

neminem despicere sed honorare, bonos imitari, malos cauere,
35 et uirtutes amplecti, uitia reicere, in aduersis patientiam, in
prosperis continentiam, custodiam oris, et ostium
circumstantiae labiis meis, terrena calcare, caelestia sitire.
Ecce plasmator meus multa rogaui: cum nec pauca promerui.
Fateor heu fateor, non solum quae postulo non debentur bona:
40 sed multa michi exquisita supplicia. Animant enim me
puplicani, meretrices, et latrones, qui a faucibus hostis
6v momentanee eruti: sinibus suscipiuntur / pastoris. Tu enim
factor deus licet in cunctis tuis sis operibus mirabilis:
mirabilior tamen crederis esse in uisceribus pietatis. Vnde de
45 temet per quendam tuum dixisti seruum, 'miserationes eius
super omnia opera eius,' et quasi de singulo loquentem: de
uniuerso tuo populo te dixisse confidimus, 'misericordiam
autem meam non dispergam ab eo.' Nullum enim spernis,
neminem abicis, neminem perhorrescis: nisi qui forte amens
50 te exhorruerit. Ergo non modo iratus non percutis: sed te
irritantibus dona si quieuerint tribuis. Deus meus cornu salutis
meae et susceptor meus: ego infelix ego te irritaui, ego malum
coram te feci, furorem tuum prouocaui, iram promerui,
peccaui: et passus es, deliqui: et adhuc sustines. Si peniteo
55 parcis, si reuertor suscipis, insuper dum differo: praestolaris.
Reuocas errantem, inuitas repugnantem, expectas torpentem,
amplecteris redeuntem, ignorantem doces, merentem mulces,
7r a ruina suscitas, post lapsum / reparas, petenti largiris,
querenti inueniris, pulsanti et aperis. Ecce domine deus salutis
60 meae quid opponam nescio, quid uero respondeam ignoro.

1/36   *custodiam:* Ps 140:3
/38   *promerui:* indicative mood here and elsewhere where CL would use
          subjunctive. See 6/11 *concinunt,* 29/30 *facies,* and Textual Notes
          on 5a/4 *custodias,* 33b/46 *iaceant,* 33b/60 *appetat.*
/42   *momentanee:* suddenly
/45   *miserationes:* Ps 144:9
/47   *misericordiam:* Ps 88:34
/49   *perhorrescis:* shrink from
/51   *cornu:* Ps 17:3
/52-3   *malum coram te feci:* Ps 50:6
/59   *querenti:* cf. Lc 11:9-10

Nullum confugium, nullum a te patet latibulum. Ostendisti
bene uiuendi uiam, dedisti gradiendi scientiam. Minatus es
michi gehennam: et pollicitus paradisi gloriam. Nunc pater
misericordiarum, et deus totius consolationis: confige timore
65 tuo carnes meas, quatinus quae minaris: metuendo euadam, et
redde michi laetitiam salutaris tui | ut quae spondes: diligendo
participem. Fortitudo mea domine, firmamentum meum deus,
refugium meum et liberator meus: suggere quid de te
cogitem, doce quibus te sermonibus inuocem, da quibus
70 operibus tibi placeam. Scio nanque scio unum quo placaris: et
aliud quod non spernis. Est utique tibi spiritus contribulatus |
sacrificium, et acceptas cor contritum et humiliatum. His me
7v deus meus adiutor meus dita muneribus, his contra / inimicum
muni protectionibus, hoc de flammis uitiorum praesta
75 refrigerium, hoc a desideriorum passionibus pande pius
refugium. Fac domine uirtus salutis meae ne sim eorum qui
credunt tempore, et temptationis recedunt tempore. Obumbra
caput meum in die belli, esto spes mea in die afflictionis: et
salus in tempore tribulationis. En domine illuminatio mea et
80 salus mea rogaui quibus egeo: intimaui quae timeo, sed
remordet conscientia: reprehendunt me cordis secreta. Et
quod amor ministrat: timor dissipat, zelus incitat: metus
increpat. Acta uita formidinem: sed tua ingerit pietas
fiduciam. Tua hortatur benignitas: mea retardat malignitas. Et
85 ut uerius fatear: occurrunt memoriae phantasmata uitiorum,
quae reuerberant audaciam praesumentium animorum. Cum
enim odio dignus sit: qua fronte gratiam requirit? Cum paena

1/63	*pollicitus:* supply *es;* see Textual Notes
/63-4	*pater misericordiarum:* II Cor 1:3
/64	*confige timore:* Ps 118:120
/66	*redde michi:* Ps 50:14
/67	*Fortitudo mea:* Ps 17:2-3
/72	*acceptas cor:* cf. Ps 50:19
/76	*domine:* Ps 139:8
/77	*credunt:* cf. Lc 8:13
	Obumbra: cf. Ps 139:8
/79	*illuminatio mea:* Ps 26:1
/87	*fronte:* impudence, boldness

8r debetur: qua temeritate gloria / poscitur? Lacessit iudicem:
qui postposita satisfactione delicti, quaerit praemiis honorari.
90 Regi insultat obnoxius supplicio: qui donari flagitat indebito
brauio. Et dulcem patris affectum stultus exacerbat filius: qui
post illatas contumelias | ante penitudinem | hereditatis
usurpat celsitudinem. Quid mi pater me egisse recolo? Merui
mortem: et peto uitam. Commoui regem meum: cuius
95 ímpudens inuoco praesidium. Contempsi iudicem: quem
témere postulo adiutorem. Iñsolens renui audire patrem: quem
demum praesumo habere tutorem. Heu michi quam sero
uenio, heu heu quam tarde festino. Heu me quia curro post
uulnera: dedignans incolumis praecauere iacula. Neglexi
100 prospicere tela: modo uero sollicitor de morte uicina. Uulnera
uulneribus inflixi: quia scelera addere sceleribus non timui.
8v Recenti cicatrices tabe respersi: quia prisca flagitia moder/nis
inquinationibus reciprocaui. Et quae diuina solidauerat
medicina: mea resoluit prurigo frenetica. Cutis que
105 superducta uulneribus morbum celáuerat: sanie erumpente
putruit, quia iterata iniquitas: concessam misericordiam
exinaniuit. Noui quippe scriptum, 'in quacunque die iustus
peccauerit: omnes iustitiae eius obliuiscentur.' Si iustitia
abolitur iusti ruentis: quanto magis penitentia peccatoris, in
110 idipsum reuertentis? Quotiens ⟨quasi⟩ canis redii ad uomitum:
et quasi sus repetii uolutabrum? Fateri michi et recordari est
impossibile: quot mortalium peccare ignorantes docui,
nolentibus delinquere: persuasi, resistentes coegi, uolentibus
consensi. Quot sane gradientibus: laqueum induxi, uiam
115 querentibus: foueam retexi, id patrare non horrui: obliuisci
non metui. Sed tu iuste iudex signans quasi in sacculo
pecuniam: obseruasti omnes semitas meas, et cunctos gressus

1/89	*postposita:* set aside
/91	*brauio* = CL *brabeo*
/92	*hereditatis:* construe with *celsitudinem*
/107	*in quacunque:* cf. Ez 33:12-13
/109	*abolitur* = *aboletur*
/110	*canis:* II Pt 2:22
/116	*signans:* cf. Iob 14:17
/117	*semitas:* cf. Ps 16:5

9r meos dinumerasti. Tacuisti, semper / siluisti, patiens fuisti. Ve
     michi: demum loqueris quasi parturiens. Deus deorum
120 domine praestabilis super malitia, noui quia manifestus
     uenies, noui quia non semper silebis, cum in conspectu tuo
     ignis exardescet: et in circuitu tuo tempestas ualida ingruerit.
     Cum aduocabis caelum desursum: et terram discernere
     populum tuum: Ecce tot milibus populorum nudabuntur
125 omnes iniquitates meae, tot agminibus patebunt uniuersa
     scelera mea, non solum actuum: sed etiam cogitationum |
     simulque locutionum. Tot iudicibus inops astabo: quotquot
     me praecesserunt in opere bono. Tot arguentibus confundar:
     quot michi praebuerunt uiuendi exempla. Tot conuincar
130 testibus: quot me monuerunt proficuis sermonibus, seque
     imitandos iustis dederunt actionibus. Domine mi non suppetit
     quid dicam, non occurrit quid respondeam, et ceu iam illi
     intersum discrimini, torquet me conscientia, cruciant et cordis
9v archana. Coartat auaritia, accusat superbia, / consumit inuidia,
135 inflammat concupiscentia, incestat luxuria, deonestat gula.
     Ebrietas confutat, detractio lacerat, ambitio supplantat,
     rapacitas obiurgat, discordia dissipat, ira perturbat. Leuitas
     deicit, torpor opprimit, hypocrisis fallit, adulatio frangit, fauor
     tollit, calumpnia pungit. Ecce liberator meus de gentibus
140 iracundis: ecce cum quibus uixi a die natiuitatis meae, quibus
     et studui, quibus etiam fidem seruaui. Ipsa me que dilexeram
     studia dampnant, quae laudaueram uituperant. Hi sunt quibus
     adquieui amici, quibus parui magistri, quibus seruiui domini,
     consules quibus credidi, ciues quibus cohabitaui, domestici
145 quibus consentiui. Heu michi rex meus et deus meus: quia
     incolatus meus prolongatus est. Ve michi illuminatio mea:
     quia habitaui cum habitantibus Cedar. Et cum sanctus dixerit

1/118	*Tacuisti:* cf. Is 42:14
/120	*praestabilis:* Ioel 2:13
/120-24	*manifestus uenies ... tuum:* cf. Ps 49:3-4
/135	*deonestat = dehonestat*
/139	*liberator:* Ps 17:48
/145	*consentiui:* perfect of *consentio; =* CL *consensi.* See Textual Notes.
	Heu michi: Ps 119:5
/147	*habitaui:* Ps 119:5

10r multum: quanto magis infelix dicere possum, nimis in/cola
fuit anima mea? Firmamentum meum deus: non iustificabitur
150 in conspectu tuo omnis uiuens. Spes mea non est in filiis
hominum | quem si remota pietate iudicaueris: iustum
inuenias. Et nisi praeueneris miserendo impium: non est quem
glorifices pium. Credo nanque salus mea quod audiui,
quoniam benignitas tua: ad penitentiam me adducit. Turris
155 fortitudinis | sonuerunt nectarea michi labia, nemo potest
uenire ad me: nisi pater qui misit me traxerit eum. Enim uero
quia instruxisti, tantaque propitius institutione formasti: totis
medullis cordis, toto annisu mentis te omnipotens pater cum
dilectissimo ⟨filio⟩, teque dulcissima proles cum serenissimo
160 inuoco paraclito: trahe me | quatinus post te currere in odorem
tuorum delecter unguentorum.

Quam magna domine deus multitudo dulcedinis tuae,
quam abscondisti timentibus te? Abscondisti: quia
10v conseruasti. Non quia abscondisti / abstulisti: sed eo magis
165 multiplicasti. Solet aliquando quod absconditur: diligentius
inuestigari, et inuentum artius amari. Dilata in te non
minuuntur: sed magis crescunt desideria. Non est ergo amor
tuus transitorius: sed eternus. Qui te diligunt non tepescunt:
sed feruescunt. Non est tuus amor otiosus. Memoria tua super
170 mel dulcis, meditatio de te: plus quam cibus suauis. De te
loqui: plena est refectio, et te nosse: plena consolatio. Tibi
adherere: uita aeterna, a te separari: mors perpetua. Fons
uiuus his qui te sitiunt, esca indeficiens qui te esuriunt. Gloria
te querentibus, gaudium inuenientibus. Odor tuus suscitat
175 mortuos, respectus curat egrotos. Lux tua omnem fugat
caliginem, uisitatio: cunctam pellit tristitiam. Nullus apud te
meror: procul a te omnis dolor. Nulla tecum mesticia, et nulla

1/148   *incola:* Ps 119:6
/149   *non iustificabitur:* Ps 142:2
/154   *quoniam benignitas:* Rm 2:4
/154-5   *Turris fortitudinis:* Ps 60:4
/155   *nemo potest:* Io 6:44
/160   *trahe me:* Ct 1:3
/162   *Quam magna:* Ps 30:20
/169-70   *super mel:* cf. Ps 118:103

11r indigentia. Vbi tu: nulla necessitas, nulli bo/ni inest
difficultas. Nunquam ibi tenebre: nec terror nominatur
180 gehennae. Nullius noctis tecum cecitas, nec tumultus
improbitas. Nunquam famis sitisque inopia, frigoris nec estus
circa te moratur penuria. Non inualitudo corporis: prorsus nec
corruptio mentis. Non zelus et contentio, omnino nec ambitio.
Abest illinc sollicitudo finis, et cura mortis, labor senectutis,
185 languor egritudinis. Ibi nescitur passio aeris: et uarietas
temporis. Hec est enim magna multitudo dulcedinis tuae,
quam abscondisti timentibus te: sed perfecisti sperantibus in
te. O quam bona absconsio: quae efficitur perfectio. Non enim
hec absconsio estimatur perditio: sed magis conseruatio quae
190 fit perfectio. O gloriose rex | quam uera iudicia tua iustificata
in semetipsa? Uere desiderabilia super aurum et lapidem
pretiosum multum: et dulciora super mel et fauum. O uita
11v mea deus meus, oro te per / nomen redemptoris mei unigeniti
filii tui: largire propitius ut custodiam ea. Cognoui itaque quia
195 in custodiendis illis retributio multa. Gloria mea deus meus
abscondis thesaurum tuum: ut íncites cúpidum. Recondis
margaritam: ut augeas querentis amorem. Differs dare: ut
doceas petere. Dissimulas te audire petentem: ut facias
perseuerantem. Postremo incipientibus querere promittis, non
200 nisi uero perseuerantibus salutem tribuis. Quod plane indicat
illa flebilis quae tuum in sepulchro Christum | immo te in
Christo querebat durantibus adhuc tenebris, quam accenderas:
ut quereret, querenti disparebas: ut perseueraret. Perseuerauit
sperans: et sperauit perseuerans. Et quia in spe perseuerauit:
205 uidere te meruit. O beata uisio: et plena exultatio. O summum
gaudium: et consummatum desiderium. O desiderabilis
uultus: et iocundus aspectus. O beata spes: et felix
12r perseuerantia. / Nisi enim speraret: non perseueraret. Et nisi

1/186   *magna multitudo:* Ps 30:20
/188   *absconsio:* concealment
/190   *uera:* Ps 18:10-11
/195   *in custodiendis:* Ps 18:12
/201   *illa flebilis:* Maria Magdalene; see Textual Notes
/203   *disparebas:* disappear

perseueraret: spei fructum non perciperet. Sic enim deus meus
210 misericordia mea absconderis timentibus: ut inueniaris
sperantibus. Sic elongaris a querentibus: ut appropinques
perseuerantibus. Qui elongant se a te | peribunt. Qui autem te
expectant: non confundentur. Qui timent te sperent in te:
quoniam adiutor et protector eorum es. Per timorem:
215 peruenitur ad amorem. Timendus es ut dominus: amandus ut
pius pater. Timor tuus sanctus permanet: quia sanctos
permanere facit quos possidet. Nichil deest timentibus te, quia
oculi tui super eos: et aures tue ad preces eorum. Misericordia
mea et refugium meum, susceptor meus et liberator meus, sic
220 timorem michi adhibe: ut amorem subinferas. Sic írroga
metum: ut tui augeas desiderium, sicque me participem
timentium et custodientium mandata tua facias: quatinus per
timoris seruitutem: ad amoris merear pertingere gratiam. /

12v Diuisio

Inuoco te deus meus, inuoco te: quia prope es omnibus
225 inuocantibus te, sed inuocantibus te in ueritate. Tu enim
ueritas es. Doce me queso clementia tua sancta ueritas te
inuocare in te, quia hoc fieri quomodo oporteat nescio: sed a
te doceri beata ueritas humiliter imploro. Abs te enim sapere:
est prorsus desipere. Te uero nosse: est perfectum scire. Erudi
230 me diuina sapientia: et doce me legem tuam. Credo nanque
quia quem tu erudieris beatus, et de lege tua docueris ⟨eum⟩.
Desidero inuocare te: quod queso ut fiat in ueritate. Quid est

1/212	*Qui elongat:* Ps 72:27
	Qui autem: cf. Ps 24:3
/213	*Qui timent:* Ps 113:11
/221	*participem:* Ps 118:63
/223-4	*Diuisio:* part or section; see also 1/438-9. In later MSS and in the Migne edition these parts were treated as separate prayers; see Introduction.
/224	*prope es:* Ps 144:18
/228	*Abs = Absque*
/231	*quem tu:* Ps 93:12
	beatus: supply *est*

in ueritate inuocare ueritatem, nisi in filio patrem? Ergo
sancte pater: sermo tuus ueritas est. Principium uerborum
235 tuorum ueritas. Hoc quippe est uerborum tuorum principium:
quod in principio erat uerbum. In ipso principio: te summum
adoro principium. In ipso ueritatis uerbo: te perfecta inuoco
13r ueritas, quo in ipsa eadem dirigas me uerita/te et doceas. Quid
enim dulcius | quam genitorem in nomine unigeniti exorare,
240 patrem recordatione filii ad pietatem inflectere, regem |
carissimae sobolis denotatione mitigare? Sic enim solent rei
carceribus eripi: sic mancipati uinculis liberari. Sic tristem
excipientes sententiam capitis: non solum uítam: sed ínsuper
nancisci insolitam gratiam, dummodo iratis principibus:
245 dilectae prolis intimauerint caritatem. Sic delinquentes seruuli
euadunt supplicia dominorum: dum pro eis interuenit dulcedo
filiorum. Sic te omnipotens pater per omnipotentis filii
postulo caritatem: educ de carcere ad confitendum nomini tuo
animam meam. Libera me a uinculis peccatorum: per
250 coaeternum flagito unicum tibi natum, meque cui propria
merita letalem minantur sententiam: preciosissime ad
dexteram tuam consedentis prolis interpellatione | restaura
placatus ad uitam. Quem enim alium dirigam intercessorem
tibi nescio: nisi hunc qui est propitiatio pro peccatis nostris,
13v qui sedet ad dexteram tuam interpellans pro / nobis. Ecce
aduocatus meus apud te deum patrem, ecce pontifex summus
qui non alieno eget expiari sanguine: quia proprio fulget
perfusus cruore. Ecce hostia sancta beneplacens et perfecta, in
odorem suauitatis oblata et accepta. Ecce agnus sine macula,
260 qui se coram tondentibus obmutuit, qui alapis cesus, sputis

1/236   *in principio:* Io 1:1
/242   *mancipati:* serfs
         Sic tristem: take *solent* from the previous sentence as the finite verb.
         Translate: 'So those drawing the harsh sentence of death are wont
         to obtain not merely mercy but rather unaccustomed grace.'
/254   *est propitiatio:* I Io 2:2
/255   *ad dexteram:* cf. Rm 8:34
/259   *agnus sine macula:* cf. Ex 12:5
/260   *coram tondentibus:* cf. Is 53:7

íllitus, probris affectus: os suum non aperuit. En qui peccatum non fecit: peccata mea pertulit, et languores meos suo liuore sanauit. Aspice pie pater piissimum filium: pro me tam impia passum. Respice clementissime rex qui patitur: et reminiscere
265 benignus pro quo patitur. Nonne hic est mi domine innocens ille, quem ut seruum redimeres filium tradidisti? Nunquid non auctor uitae hic est | qui ut ouis ad occisionem ductus, tibique usque ad mortem obediens factus, atrocis non timuit
14r necis subire genus? Recole tocius salutis dispo/sitor, quia hic
270 est ipse quem etsi tua ex uirtute genuisti: meae tamen infirmitatis participem fieri uoluisti. Vere haec est tua deitas: quae meam induit naturam, crucis ascendit patibulum, qui in assumpta carne: triste tulit supplicium. Reduc deus meus oculos tuae maiestatis: super opus ineffabilis pietatis. Intuere
275 dulcem natum: toto corpore extensum. Cerne manus innoxias pio manantes sanguine: et remitte placatus scelera quae patrauerunt manus meae. Considera inerme latus crudeli perfossum cuspide: et renoua me sacrosancto fonte, quem inde credo fluxisse. Uide inmaculata uestigia quae non
280 steterunt in uia peccatorum, sed semper ambulauerunt in lege tua: diris confixa clauis, et perfice gressus meos in semitis tuis, facque me odio habere benignus omnem uiam iniquitatis.
14v Viam iniquitatis amoue a me, facque me propi/tius uiam ueritatis eligere. Oro te rex sanctorum, per hunc redemptorem
285 meum: fac me currere uiam mandatorum tuorum, ut ei ualeam spiritu uniri: qui mea non horruit carne uestiri. Nunquid non attendis pie pater | adolescentis filii carissimum caput, niuea ceruice deflexa, pretiosissimam resolutum in mortem? Aspice

1/261	*os suum:* cf. Is 53:7
/262	*peccata:* cf. Is 53:4-5
/267	*ouis:* cf. Is 53:7
/268	*obediens:* cf. Phil 2:8
/279	*quae non:* cf. Ps 1:1-2
/281	*perfice:* Ps 16:5
/282	*odio:* Ps 118:128
/283	*Viam:* Ps 118:29
	uiam: Ps 118:30
/285	*uiam:* Ps 118:32

mitissime conditor dilectae sobolis humanitatem: et miserere
290 super infirmi plasmatis debilitatem. Candet nudatum pectus,
rubet cruentum latus, tensa arent uiscera, decora languent
lumina, regia pallent ora, procera rigent brachia, crura
pendent marmorea, rigat terebratos pedes beati sanguinis
unda. Specta gloriose genitor: gratissimae prolis lacera
295 membra: et memorare benignus quae mea est substantia.
Conspicare dei hominis penam: et releua conditi hominis
miseriam. Vide redemptoris supplicium: et remitte redempti
15r delic/tum. Hic est domine mi | quem propter peccata populi
tui percussisti: licet ipse sit dilectus in quo tibi bene
300 complacuisti. Hic est ille innocens in quo dolus non est
inuentus, et tamen cum iniquis deputatus est. Quid commisisti
dulcissime puer | ut sic iudicareris? Quid commisisti
amantissime iuuenis | ut adeo tractareris? Quod scelus tuum?
Quae noxa tua? Quae causa mortis? Quae occasio tuae
305 dampnationis? Ego enim ego sum tui plaga doloris, tuae culpa
occisionis. Ego tuae mortis meritum, tue uindicte flagitium.
Ego tuae passionis liuor, tui cruciatus labor. O mirabilis
censure conditio: et ineffabilis misterii dispositio. Peccat
iniquus: et punitur iustus. Delinquit reus: uapulat innocens.
310 Offendit impius: dampnatur pius. Quod meretur malus: patitur
bonus. Quod perpetrat seruus: exoluit dominus. Quod
committit homo: sustinet deus. Quo nate dei, quo tua
descendit humilitas? Quo tua flagrauit caritas? Quo processit
15v pietas? Quo excreuit benig/nitas? Quo tuus attigit amor? Quo
315 peruenit compassio? Ego enim inique egi, tu paena multaris.
Ego facinus admisi: tu ultione plecteris. Ego crimen edidi: tu
torture subiceris. Ego superbiui: tu humiliaris. Ego tumui: tu
attenuaris. Ego inobediens extiti: tu obediens scelus
inobaedientiae luis. Ego gule parui: tu inedia afficeris. Me ad
320 illicitam rapuit concupiscentia arborem: te perfecta caritas
duxit ad crucem. Ego praesumpsi uetitum: tu subisti
equuleum. Ego delector cibo: tu laboras patibulo. Ego fruor

1/290   *plasmatis* (gen. sg.): creature
/299   *dilectus:* cf. Mt 3:17
/311   *exoluit = exsoluit;* see Textual Notes

deliciis: tu laniaris clauis. Ego pomi dulcedinem: tu fellis
gustas amaritudinem. Michi nam ridens congaudet Eua: tibi
325 plorans compatitur Maria. Ecce rex gloriae, ecce mea
impietas: et tua claret pietas. En mea iniusticia: et tua liquet
iustitia.
Quid rex meus et deus meus, quid retribuam tibi pro
omnibus quae retribuisti michi? Non enim inueniri in corde
16r potest / hominis: quod condigne talibus referatur praemiis.
Non quit sagacitas machinari humana: cui comparetur
miseratio diuina. Nec est creaturae moliri officium: quo iuste
creatoris recompenset praesidium. Est autem nate dei in hac
tua admirabili dispositione | est cui mea fragilitas in aliquo
335 subpeditet: si tua uisitatione compuncta mens carnem suam
crucifigat cum uitiis et concupiscentiis. Et hoc si a te
conceditur, quasi iam tibi incipit compati: quia et tu pro
peccato dignatus es mori, sicque per interioris hominis
uictoriam: te duce armabitur ad exteriorem palmam, quatinus
340 deuicta persecutione spirituali: non uereatur pro amore tuo
subici gladio materiali. Ita exiguitas conditionis, si tuae
complacet pietati: magnitudini ualebit pro uiribus respondere
conditoris. Et hoc caelestis medicine bone Iesu, hoc tui
antidotum amoris: oro te per antiquas misericordias tuas
16v infunde uulneribus meis, / quo reiecta uiperee contagionis
bile: redintegret me incolumitati pristinae, quo gustatum tuae
nectar suauitatis, faciat me illecebrosa mundi toto affectu
despicere, et nulla eius pro te aduersa formidare. Memorque
perpetuae nobilitatis: semper fastidiam uentos huius
350 transitorii tumoris. Nichil queso sine te michi dulcescat, nichil
complaceat, nil preciosum, nil praeter te michi arrideat
speciosum. Uilescant obsecro abs te michi omnia, sordeant
uniuersa. Quod tibi aduersum: sit et michi molestum. Sit et
beneplacitum: indeficiens desiderium. Tedeat me gaudere sine

1/328   *quid retribuam:* cf. Ps 115:12
/331   *quit:* finite verb, from *queo*
/333   *recompenset:* repay
/335   *carnem:* cf. Gal 5:24
/352   *abs = absque*

355 te, et delectet contristari pro te. Sit michi nomen tuum
refocillatio, et memoria tua consolatio. Fiant michi lacrimae
meae panes die ac nocte: inuestigando iustificationes. Sit
bonum michi lex oris tui: super milia auri et argenti. Sit
obedire tibi amabile: et resistere tibi execrabile. Rogo te spes
17r mea per omnes / pietates tuas: ut propitieris impietatibus
meis. Adaperi aures meas mandatis tuis: et ne declines flagito
per nomen sanctum tuum in uerba maliciae cor meum ad
excusandas excusationes in peccatis. Peto etiam per
admirabilem humilitatem tuam, ne ueniat michi pes
365 superbiae, et manus peccatoris non moueat me. Ecce
omnipotens deus pater domini mei: dispone benignus
quomodo michi miserearis, quoniam quicquid preciosius
inueni: deuote optuli. Quicquid carius repperi: suppliciter
praesentaui. Nichil michi reliqui: quin tuae exposuerim
370 maiestati. Nil iam superest quod adiciam: quia totam tibi
delegaui spem meam. Direxi tibi aduocatum meum: tuum
dilectum filium. Misi gloriosam progeniem: inter me et te
mediatorem. Misi inquam intercessorem: per quem confido
ueniam. Misi uerbis: quia pro meis dixi missum factis.
375 Enumeraui tibi sanctissimae sobolis mortem, quam pro me
17v credo fuisse perpessam. Credo missam / a te deitatem: meam
suscepisse humanitatem, in qua dignum duxit: alapas, uincula,
sputa, irrisiones perferre, necne crucem, clauos, telumque
suscipere. Hanc olim infantiae uagitibus demolitam, pueritiae
380 pannis astrictam, iuuentutis sudoribus uexatam, ieiuniis
maceratam, uigiliis afflictam, itineribus fessam, post affectam
flagris: laceratam suppliciis, deputatam cum mortuis, ditatam
uero gloria resurrectionis: celorum gaudio induxit, et in
dexteram tuae celsitudinis collocauit. En placatio mea: et
385 propitiatio tua. Hic attende pius quem genueris filium: et
quem redemeris seruum. Hic aspice factorem: et ne despicias

1/356   *refocillatio:* refreshment
         Fiant michi: cf. Ps 41:4
/358   *bonum:* Ps 118:72
/361   *ne declines:* Ps 140:4
/364   *ne ueniat:* Ps 35:12

facturam. Amplectere serenus pastorem: et recipe misericors
allatam propriis humeris ouem. Hic ipse est fidelissimus
pastor ille qui dudum errabundam per abrupta montium, per
390 praecipitia uallium: multis quesierat uariisque laboribus,
quique iam morienti | iam per longa exilia deficienti tamen
18r inuentae: gaudens se sup/posuit, et miro sibi annisu caritatis
innexam: de confusionis abisso leuauit, piisque astrictam
complexibus: ad nonaginta nouem unam que perierat
395 reportauit. Ecce domini mi rex deus omnipotens, ecce pastor
bonus refert tibi quod commisisti ei. Suscepit te disponente ad
saluandum hominem: quem tibi restituit omni labe immunem.
Ecce tuum tibi carissimus natus plasma reconciliat: quod a te
procul deuiarat. En gregi tuo pastor mitis reformat: quod
400 praedo uiolentus abegerat. Reddit tuis conspectibus seruum:
quem sua fecerat conscientia fugitiuum, ut qui per se meruit
paenam: per factorem huiusmodi mereatur ueniam. Quique
pro culpis sperabat gehennam: tanto duce iam confidat
reuocari ad patriam. Potui per me te sancte pater offendere:
405 sed non ualui per me placare. Factus est adiutor meus deus
meus, tuus dilectus filius, meam participans humanitatem: ut
18v curaret infirmitatem, quatinus unde causa / emerserat
offensionis: inde tibi immolaret sacrificium laudis, meque per
hoc tuae redderet pietati placabilem: quo sedens ad dexteram
410 tuam semper meae substantie se ostenderet esse consortem.
Ecce spes mea, ecce tota fiducia. Si me pro mea ut dignum est
despicis iniquitate: respice saltem miserans pro dilectae
sobolis caritate. Attende in filio: quo propitieris seruo. Vide
carnis sacramentum: et remitte carnis reatum. Quotiens beate
415 prolis tibi patent uulnera: delitescant obsecro scelera mea.
Quotiens rubet preciosus pio de latere sanguis: deluatur
supplico labes meae pollutionis. Et quia caro lacessiuit ad
iram: caro te flectat imploro ad misericordiam, ut si me caro
seduxit ad culpam: caro deducat ad ueniam. Multum nanque

1/388	*ouem:* Lc 15:4-6
/394	*ad nonaginta nouem:* cf. Lc 15:4
/399	*reformat:* gives back, returns
/416	*deluatur:* from *deluo* = to wash, cleanse

420 est quod mea meretur impietas: longe autem maius quod
redemptoris mei reposcit iure pietas. Magna enim est mea
iniustitia: satis uero maior redemptoris iustitia. Quanto
nanque superior est deus homine: tanto mea malitia eius /
19r inferior est bonitate, ut qualitate etiam et quantitate. Quid
425 enim deliquerit homo, quod non redimeret filius factus homo?
Quae tantum superbia tumeret, quam non tanta humilitas
sterneret? Quodnam mortis imperium, quod nati dei non
destrueret crucis supplicium? Nimirum deus meus | si equa
lance delicta peccantis hominis | et redimentis gratia librentur
430 auctoris: non tantum óccidens ab oriente, seu inferior
separatur infernus a summo caeli cardine. Iam lucis optime
creator | iam culpis ignosce meis: pro dilecti filii laboribus
immensis. Iam eius queso pietati: mea impietas, eius
modestiae: mea peruersitas, et mansuetudini: donetur
435 ferocitas. Iam sua meam humilitas superbiam, patientia
impatientiam, benignitas duritiam, obedientia inobedientiam,
tranquillitas inquietudinem, dulcedo amaritudinem, suauitas
iram, caritas lucrifaciat crudelitatem.

Diuisio

O iam diuini amor numinis | patris omnipotens prolisque
19v beatissime sancta communi/catio | paraclite spiritus |
merentium clementissime consolator: iam cordis mei
penetralibis potenti illabere uirtute, et tenebrosa queque laris
neglecti latibula: corusci luminis fulgore pius habitator
letifica, tuique roris habundantia longo ariditatis marcentia
445 squalore uisitando fecunda. Saucia interioris hominis archana
tui amoris iaculo, et tepentis medullas iecoris | flammis
salutaribus penetrando succende. Sanctique feruoris igne
collustrando mentis et corporis uniuersa depasce. Pota me
torrente tuae uoluptatis: ut nil iam mundanorum degustare

1/425   *filius:* i.e. *filius dei;* see Textual Notes
/442   *laris:* dwelling place
/449   *torrente:* Ps 35:9

450 libeat uenenatae dulcedinis. Iudica me et discerne de gente
non sancta causam meam, doce me quia deus meus es tu
facere uoluntatem tuam. Credo ergo quemcunque
inhabitaueris: patris ac pariter filii domicilium condis. Beatus
qui te merebitur hospitem: quoniam per te | pater et filius,
20r apud eum facient mansionem. Veni / iam ueni benignissime
dolentis anime consolator, prompte in opportunitatibus | in
tribulatione adiutor. Ueni mundator scelerum, curator
uulnerum. Ueni fortitudo fragilium, relauator labentium. Ueni
humilium doctor, superborum destructor. Ueni orphanorum
460 pius pater, uiduarum dulcis iudex. Ueni spes pauperum,
refocillator deficientium. Ueni nauigantium sidus, naufragii
portus. Veni omnium uiuentium singulare decus, morientium
unica salus. Veni sanctissime spirituum, ueni et miserere mei.
Apta me tibi, et condescende propitius michi, ut mea tuae
465 magnitudini exiguitas, roborique tuo imbecellitas: secundum
multitudinem tuarum complaceat miserationum, per Iesum
Christum saluatorem meum, qui cum patre in tui unitate uiuit
et regnat deus per omnia secula seculorum. Amen.

2
Deploratio uirginitatis amisse

Anima mea, anima erumpnosa, anima inquam misera
(Anselm, *Meditatio* 2, ed. Schmitt, pp. 80-83)

1/450	*Iudica me:* Ps 42:1
/451	*doce me:* Ps 142:10
/455	*mansionem:* cf. Io 14:23
/456	*in opportunitatibus:* Ps 9:10
/461	*refocillator:* reviver

3

24v Oratio ad dominum

Deus inestimabilis misericordiae, deus immensae pietatis,
deus conditor et reparator humani generis, qui confitentium
tibi corda purificas, et accusantes se ante conspectum diuine
clementiae tue: ab omni uinculo iniquitatis absoluis, uirtutem
5 tuam totis exoro gemitibus, ut secundum multitudinem
miserationum tuarum: de omnibus iniquitatibus meis de
quibus me accusat conscientia mea | puram michi coram te
25r concedas agere confessionem, / ueramque ex his omnibus et
condignam michi tribuas paenitentiam, quaecunque peccaui
10 in cogitationibus pessimis, in meditationibus prauis, in
consensu malo, in consilio iniquo, in concupiscentia atque
delectatione inmunda, in uerbis otiosis, in factis malitiosis, in
uisu, auditu, gustu, odoratu, et tactu. Tu enim misericors deus,
ad operandam michi animae meae salutem: membra singula
15 humanis usibus apta dedisti. Sed ego miserrimus omnium et
peccator: te aeternae salutis auctorem contempsi, et aeterna
michi inimico incendia praeparanti consensi. Lapsus sum in
peccatis, corrui in delictis, in menbris singulis: nature modum
excessi, et impiis me laboribus obnixium feci. Pedes mei ad
20 currendum in malum sequendo libidinem: supra modum
ueloces fuerunt, et in obaedientia mandatorum tuorum
imbecilles. Crura mea ad me sustinendum: in malum fortia.
Genua mea: ad fornicationem potius quam ad orationem flexi.
In femoribus et in genitalibus meis: supra modum in omnibus
25v me im/munditiis contaminare non metui, et reum me omni
hora peregi. Uenter meus et uiscera mea: omni crapula sunt
iugiter et ebrietate distenta. In renibus et lumbis: illusione
diabolica, ac flamma libidinis, turpissimo ardeo desiderio.
Latera mea: luxuriam malitiae non formidant perpetrare.
30 Dorsum meum ad iniqua curuaui opera: et collum in carnali

3/18   *menbris = membris;* see also 3/69
  /19   *obnixium = obnoxium*
  /23   *fornicationem:* this subject matter links the item to the preceding one,
          Anselm's meditation on his lost virginity

erexi superbia. Humeros meos ad portandum onera nequitiae
subdidi: et brachia illecebrosis iugiter amplexibus praebui.
Manus meae plene sunt sanguine, omnibusque sordibus sunt
pollutae, promptae ad omne opus prauum, pigrae ad aliquid
35 bonum operandum. Os meum nefario et libidinoso pollutum
est osculo, et iniqua est concupiscentia maculatum, uerbisque
luxuriosis ac fabulis otiosis superhabundanter me et mendacio
coinquinauit. Gulae et ebrietati semper deditum: carnalibus
nunquam desideriis satiatum. Sed et lingua mea: omni est
40 fallacia prophanata. Guttur meum: insatiabili semper ardet
26r ingluuie. / Aures meae dolosis sunt obtusae loquaelis,
prompte ad omne malum: surde ad omne bonum. In naribus
nanque: sepius iniquis delectatus sum odoribus: in quibus
etiam putredinem delictorum minime horrui. Quid igitur
45 dicam de oculis, qui omnibus me criminibus fecerunt
obnixium | omnemque sensum cordis mei auerterunt, quibus
in omni consensi libidini, qui et me quamuis raro in
sanctuario tuo te domine adorantem: intuitu peruerterunt
iniquo, omnemque motum corporis mei: ad immunda
50 pertraxerunt desideria. Caput meum omnibus supereminens
membris: raro unquam ad dominum creatorem incuruaui, sed
etiam ceteris membris in omni malitia consentaneum feci.
Cor meum plenum dolo et malitia nunquam purgaui
paenitentia, semperque diabolica pollutum illusione:
55 nunquam uera ablui confessione. Non enim haec narrans tuam
domine in me blasphemo creaturam: sed meam á té piissime
deus exposco medicinam, qui etiam in omnibus membris meis
me reum intelligo supra mensuram. Quia ut astra caeli atque
26v arena / maris: ita mea innumerabilia esse cognosco delicta.
60 Insuper etiam ira, tristitia, accidia, iactantia, atque desidia,
octo principalibus uitiis, obnixium me esse profiteor. Sed tu
domine occultorum cognitor | qui dixisti paenitentiam te
malle quam mortem: tibi omnia cordis mei reuelo archana,

3/31	*Humeros = Umeros*
/38	*deditum:* sc. *os meum*
/41	*loquaelis = loquelis*
/61	*octo:* but only five vices are mentioned in the preceding line

respice in me et miserere mei, fontemque lacrimarum et
65 remissionem omnium peccatorum, intimamque michi cordis
confessionem tribue poscenti. Renoua atque innoua in me
piissime pater: quicquid actione, quicquid uerbo, quicquid
ipsa denique cogitatione diabolica fraude uitiatum est | et
unitati corporis aecclesiae: menbrum tuae redemptionis
70 annecte, et non habentem fiduciam nisi in tua misericordia: ad
sacramentum tuae reconciliationis admitte, per Iesum
Christum unigenitum filium tuum dominum et saluatorem
nostrum. Qui tecum et spiritu sancto unus est dominus, per
immortalia regnans secula seculorum, amen.

4
Oratio ad dominum

Clementissime deus, qui me inutilem famulum tuum prius
27r misericorditer ad imaginem tuam secun/dum animam creasti.
Iterumque peccatis squalentem et mortuum: pie clementerque
recreasti. Te laudo, ac tibi cum omni deuotione pro tuis
5 ineffabilibus bonis | michi immerito collatis: gratias
humillime refero, me autem per omnia uitupero atque in
conspectu maiestatis tuae: omnimodis accuso, cunctisque
peccatis et criminibus me obnixium et reum proclamo, quia
tibi tuisque sanctis: me contraria egisse recognosco. Nunc
10 igitur omnipotentissime ac piissime deus | ineffabilem
pietatem tuam pronus deuotusque exposco, ut á mé duritiam
torporemque cordis auferre digneris, atque lacrimas et
compunctionem mentis conferre, et de omnibus desideriis et
concupiscentiis carnalibus liberare, omnique concupiscentia
15 spirituali uitam desiderare eternam, et gehennam salubriter
expauescere perpetuam, ac iuste sobrie, caste pieque uiuere.
Praeueniatque me tua pietas ad bene operandum: et
subsequatur ad perficiendum. Quatinus omnium oblitus
iniquitatum et scelerum meorum: gratiam tuam simul et

3/69   *menbrum = membrum*
4/18   *Quatinus:* the clause is linked to the preceding sentence

27v misericordiam michi misero semper impendas, / et a peccatis
omnibus precibus et meritis omnium sanctorum tuorum ad
laudem et gloriam sancti nominis tui emundes, et á penis
atque tormentis incendii aeterni misericorditer liberes, et ad
regnum caeleste clementer ab hac uita egressum perducas.

25 Sed et quamdiu in praesentis seculi erumna uixero: in bono
opere perseuerabilem reddas, ita ut ultra nec uelim nec
possim te ac sanctos tuos in ullo offendere, quorum consortio
quandoque connumerari ⟨merear⟩, te misericordissime deus
adiuuante atque trahente. Qui uiuis et regnas.

5a
Oratio ad dominum

Domine deus omnipotens qui es trinus et unus, qui es semper
in omnibus et eras ante omnia, et eris per omnia deus
benedictus in secula: commendo animam meam in manus
potentiae tuae | ut custodias eam diebus ac noctibus, horis

5 atque momentis. Exaudi me domine per orationes
patriarcharum, per merita prophetarum, per suffragia
apostolorum, per uictorias martyrum, per fidem confessorum,
per castitatem uirginum, per intercessionem omnium
sanctorum: qui tibi placuerunt ab initio mundi. Expelle a me

28r domine iactantiam / mentis: et auge compunctionem cordis.
Minue superbiam meam: et perfice in me humilitatem ueram.
Suscita in me fletum: mollifica cor meum durum et lapideum.
Libera domine animam meam ab omnibus insidiis inimici: et
conserua me in tua uoluntate. Doce me domine tuam

15 uoluntatem facere: quia deus meus es tu. Da michi domine
sensum perfectum et intellectum: ut suscipere ualeam
profundam benignitatem tuam. Illud michi da petere: quod te
delectat audire. Da michi lacrimas ex tuo affectu: quae
peccatorum meorum possint dissoluere uincula. Audi deus

20 meus: audi lumen oculorum meorum. Audi quae peto: et da

5a/10 *iactantiam:* boastfulness
/12 *lapideum:* cf. Ez 11:19, 36:26

quod petam ut audias. Si despicis pereo: si respicis uiuo. Si
iusticiam meam requiris: mortuus feteo. Si cum misericordia
respexeris: fetentem resuscitas de sepulchro. Quod odis in me:
longe fac a me, et castitatis ac continentiae spiritum iñsere in
25 me. Hoc inquam da petere: ut petendo non offendam. Tolle de
28v me quod noceat: et praesta quod uulnera / mea curare possit.
Da michi domine timorem tuum, cordis compunctionem,
mentis humilitatem, et conscientiam puram. Praesta michi
domine ut fraternam semper teneam caritatem, mala
30 obliuiscar, aliena non requiram. Parce domine animae meae,
parce malis meis, parce factis atque peccatis, et criminibus
meis. Uisita infirmum, cura egrotum, sana languentem. Da cor
quod te timeat, sensum qui te intelligat, oculos qui te uideant.
Miserere mei deus miserere mei, et respice me de sede
35 sanctae maiestatis tuae, et tenebras cordis mei radio
splendoris tui illumina. Da michi domine discretionem:
discernere inter bonum et malum, et concede ut habeam
sensum uigilem. A te domine peto remissionem: a quo et per
quem est omnis propitiatio tempore necessitatis et angustiae.
40   Sancta et inmaculata uirgo Maria | genitrix domini mei
Iesu Christi: interuenire pro me digneris apud illum | cuius
meruisti effici templum. Sancte Michael. Sancte Gabriel.
29r Sancte Raphael. Sancte chorus angelorum, / archangelorum,
patriarcharum, prophetarum, apostolorum, doctorum,
45 martyrum, confessorum, sacerdotum, Leuitarum,
monachorum, uirginum, omniumque iustorum. Per illum qui
uos elegit, et de cuius contemplatione gaudetis | rogare
praesumo: ut pro me culpabili | ipsum dominum supplicare
dignemini, quatinus de faucibus diaboli et de morte perpetua
50 liberet me. Largire digneris michi domine perpetuam uitam.
Secundum clementiam ac benignissimam misericordiam
tuam. Da domine sacerdotibus tuis concordiam. Regibus
terrae tranquillitatem et pacem. Oro domine pro uniuersa
sancta aecclesia catholica, pro uiris et feminis ac omnibus
55 rectoribus: qui pro tuo sancto nomine laborant, ut
perseuerantiam boni operis optineant. Praesta domine

5a/32   *Uisita:* cf. Mt 10:8

uirginibus castitatem, deo dicatis continentiam, coniugatis
sanctimoniam, penitentibus indulgentiam, uiduis et orphanis
sustinentiam, pauperibus protectionem, peregrinantibus
60 réditum, lugentibus consolationem: defunctis ueniam et
requiem sempiternam, nauigantibus portum, optimis ut in
29v bonitate consistant, / bonis et mediocribus ut meliores fiant,
praue agentibus ut cito se corrigant. Domine | et quia inter
omnes et per omnia me nimium peccatorem considero: tu
65 clementissime qui omnium misereris, non me patiaris á tua
misericordia fieri alienum, sed tu qui inducias uiuendi
praestas, corrigendi deuotionem concitas: excita in me
mentem que te requirat, te desideret, te qui es per omnia | prae
omnibus amet, te timeat, tuam uoluntatem faciat. Precipue
70 deprecor ut eos qui me in memoriam habent, et qui se indignis
precibus meis commendauerunt, et qui michi aliquid caritatis
impenderunt, seu et illos qui michi consanguinitate, ac
compassionis affectu sunt propinqui, tam ipsos domine qui
nunc consistunt in corpore, quam illos qui teguntur in funere:
75 misericorditer gubernare digneris ne pereant, et illos iuuare
iubeas ut absoluas, necnon magnopere supplico, ut cum dies
mortis meae aduenerit: tu ipse qui iudicas | contra
30r accusatorem fias meus defensor, qui es bene/dictus in secula
amen.

5b
Oratio ad dominum

Adonay domine deus magne et mirabilis, qui es iustus et
misericors in uniuersis: ego miserrimus omnium miserorum:
tuam suppliciter requiro misericordiam pro miseriis
uniuersorum, ut beate Marie semper uirginis interuentu,
5 omniumque fidelium tuorum caelestium ac terrestrium

5a/75-6   *et illos ... absoluas:* 'and desire to help them, that you may absolve
them'
5b/1   *Adonay:* Lord (Hebrew)

supplicatu: secundum tuam magnam misericordiam, tuis
omnibus miserearis, et mortuis et uiuentibus et nascituris. Et
quamuis super omnes alios mortales | indignum me faciat
magnitudo peccati a te respici uel audiri: tamen quia tibi cura
10 de omnibus est, eo quod omnium dominus es: non tantum in
mea malignitate despero: quantum in tua benignitate confido.
Vnde homo deum, creatura creatorem suum, ego te suppliciter
imploro et audenter deposco: ut opus manuum tuarum
meipsum non calumpnieris aut opprimas, sed operi manuum
30v tuarum michimetipsi manum / porrigas: ad destruendum quod
mea mens iuste odit ac formidat, ad faciendum quod animus
non iniuste diligit: ac peroptat. Et quoniam non possum
corporaliter caelum ascendere, et te deum Sabaoth in
maiestate sedentem attingere: hic ubi te praecepisti requiri, et
20 promisisti a fidelibus inueniri: in uirtute misterii tui te adoro,
in misericordie tue opere te laudo, in pietatis tue
dispensatione te glorifico: in qua totius nostre redemptionis
consummatur perfectio. Hic omnipotens clementia, hic
clemens omnipotentia: et singultus et lacrimas desideranter
25 effundo. Hic de sepulchro cordis | ostium oris aperio: ut de
illo nominatim negotio unde tantum mea mouetur intentio:
clamorem meum audias, laborem uideas, dolorem sentias,
infirmum cures, lapsum releues, mestum letifices, totius
impedimenti uincula soluas, argumentum te inueniendi
30 aperias, uia indeclinabili me in idipsum inducas, ad tuam
31r laudem / et meam salutem: desiderium meum adimpleas.
Magna quidem sunt que peto: et impotenter cupio promereri,
sed tu maiora gratis dare: et iam ingratis potentissime nosti.
Uerum etsi cuncta huiusmodi a tua tantum gratuita pietate
35 prodeant: tamen ut super me facilius celeriusque descendant,
qui ad inuocandum te minorum sum minimus: illud in
adiutorium aduoco meum | quod est maximum maius. Michi
nanque aduocantem assumo in mediatoris officium: nomen

5b/6   *supplicatu:* supplication
/17   *peroptat:* wish greatly
/18   *Sabaoth:* cf. Rm 9:29 and the Sanctus of the Mass
/37-8   *Michi ... assumo:* 'For I take for myself an advocate'

tuae maiestatis ac gloriae tetragrammaton sanctissimum, quod
40 scire indignus, nedum etiam nominare, nec in coniunctione
sillabarum pronuntio: sed tantum diuisione litterarum
pérsono, HE, VAV, HETH, IOTH, ut huius sanctissimi nominis
tui uirtus, hoc ipsum efficaciter optineat: quod pura
supplicantis deuotio tam fideliter clamat. Cum enim tu qui
45 ueritas es inuiolabilis, et salus impassibilis | promittis per
31v orationis instan/tiam in tuo nomine petentibus | peticionis
efficaciam: nefas est a fidelibus dubitari, tanti nominis
inuocationem aliquatenus annullari. Ipsi equidem subiecta
sunt omnia, et mirabiliter deseruiunt uniuersa: de
50 quibuscunque praedicatur discernere, sentire, uiuere, esse.
Sicut enim ea que ratione discernunt: ita et ea que sine
discretione sentiunt, et nichilominus ea que sine sensu uiuunt,
adhuc autem et ea que sine uita tantum existunt: in cognitione
non errant, in subiectione non claudicant: dum instituta
55 seruant, et disposita non immutant. Licet enim quibusdam
naturarum distinctionibus | alie ab aliis dissentiant: omnes
tamen creature in te uno creatore concordant. Nulle quippe
earum | cuiuslibet alterius plenitudine carent: sed omnes
32r omnia in te uno possident. Hoc catholice credens, / credendo
60 confitens: confitendo ante sanctum altare tuum prosternor,
prostratus tibi altissime: et corpore et mente humilior,
humiliatus inuoco, inuocans imploro, inplorans inclamo: te
deum omnium, inuisibilem, incommutabilem: per hoc tuum
uniuersis tam notum et admirabile nomen, ut sicut nichil est
65 impossibile tibi, quippe qui ex nichilo cuncta creasti: sic
ostendas ex meo magno desiderio satisfaciens michi. Exaudi
domine, placare domine, attende et fac. Ne moreris propter
temetipsum deus meus: quia inuocatum est nomen tuum super
me tam terribile et admirabile omnibus, quod est et sit ad
70 salutem omnium fidelium tuorum benedictum: et laudabile, et
superexaltatum, et nunc et ante omnia et infinita secula
seculorum. Amen.

5b/39   *tetragrammaton:* the four consonants of the Hebrew name for God;
         see line 42
/42   *HE:* cf. Ex 3:13-15
/65-6   *sic ostendas = sic te ostendas*

6

Oratio beati Augustini episcopi ad dominum

Deus uniuersitatis conditor: praesta michi primum ut te bene
32v rogem, / deinde ut me agam dignum quem exaudias, postremo
ut liberes. Deus per quem omnia quae per se non essent |
tendunt ad esse. Deus qui ne id quidem quod se inuicem
5 prodit perire permittis. Deus qui de nichilo mundum istum
creasti | quem omnium oculi sentiunt pulcherrimum, deus qui
malum non facis: et facis esse, ne pessimum fiat. Deus qui
paucis ad id quod uere est refugientibus: ostendis malum
nichil esse. Deus per quem uniuersitas etiam cum sinistra
10 parte perfecta est. Deus a quo dissonantia usque in extremum
nulla est | cum deteriora melioribus concinunt. Deus quem
amat omne quod potest amare siue sciens, siue nesciens. Deus
in quo sunt omnia | cui tamen uniuersae creaturae nec
turpitudo turpis est, nec malicia nocet, nec error errat. Deus
15 qui nisi mundos uerum scire noluisti. Deus pater ueritatis,
pater sapientiae, pater uere summeque uitae, pater
33r beatitu/dinis, pater boni et pulchri, pater intelligibilis lucis,
pater euigilationis atque illuminationis nostrae, pater pignoris
quo ammonemur redire ad te: te inuoco. Deus ueritas in quo,
20 et a quo, et per quem uera sunt quae uera sunt omnia. Deus
sapientia, in quo et a quo et per quem sapiunt quae sapiunt
omnia. Deus uera et summa uita, in quo et a quo et per quem
uiuunt quae uere summeque uiuunt omnia. Deus beatitudo, in
quo et a quo et per quem beata sunt quae beata sunt omnia.
25 Deus bonum et pulchrum, in quo et a quo et per quem bona et
pulchra sunt quae bona et pulchra sunt omnia. Deus
intelligibilis lux, in quo et a quo et per quem intelligibiliter
lucent omnia. Deus cuius regnum est totus mundus | quem
sensus ignorat. Deus de cuius regno lex etiam in ista regna
30 describitur. Deus a quo auerti cadere, in quem conuerti
resúrgere, in quo manere consistere est. Deus a quo exire

6/4   *inuicem:* here 'instead' to make the contrast with the preceding
sentence: 'God who does not even permit that which instead
propagates itself to perish.' See Textual Notes.
/18   *euigilationis:* awakening

33v mori, in quem redire uiuescere / in quo habitare uiuere est.
Deus quem nemo amittit nisi deceptus, quem nemo quaerit
nisi ammonitus, quem nemo inuenit nisi purgatus. Deus quem
35 relinquere hoc est quod perire, quem attendere hoc est quod
amare, quem uidere hoc est quod habere. Deus cui nos fides
excitat, spes erigit, caritas iungit, deus per quem uincimus
inimicum: Te deprecor. Deus quem accepimus: ne omnino
periremus. Deus a quo ammonetur ut euigilemus. Deus per
40 quem a malis bona separamus. Deus per quem mala fugimus:
et bona sequimur. Deus per quem non cedimus aduersitatibus.
Deus per quem bene seruimus: et bene dominamur. Deus per
quem discimus aliena esse: quae aliquando nostra, et nostra
esse: quae aliquando aliena putamus. Deus per quem:
45 malorum escis atque illecebris non heremus. Deus per quem:
nos minutae res non minuunt. Deus per quem: melius nostrum
deteriori subiectum non est. Deus per quem: mors absorbetur
in uictoriam. Deus qui nos conuertis. Deus qui nos eo quod
34r non est exuis: et eo quod / est induis. Deus qui nos exaudibiles
50 facis. Deus qui nos unis. Deus qui nos in omnem ueritatem
inducis. Deus qui nobis omnia bona loqueris, nec insanos
facis, nec á quoquam fieri sinis. Deus qui nos reuocas in uiam.
Deus qui nos deducis ad ianuam. Deus qui facis ut pulsantibus
aperiatur. Deus qui nobis das pacem uite. Deus per quem
55 sitimus potum, quo hausto: nunquam sitimus. Deus qui arguis
seculum de peccato. De iusticia. De iudicio. Deus per quem
nos non mouent qui minime credunt. Deus per quem
improbamus eorum errorem: qui animarum merita, nulla esse,
apud te credunt. Deus per quem non seruimus infirmis et
60 egenis elementis. Deus qui nos purgas et ad diuina praeparas
praemia: adueni michi propitius. Tu quicquid a me dictum
est | unus deus: tu tu ueni. Veni michi in auxilium. Una

6/45   *escis:* bait
          heremus = haeremus
  /52   *nec ... sinis:* 'nor do you permit this to be done by another'
  /54   *pacem:* in his *Soliloquies,* upon which this is based, Augustine wrote
          panem; cf. *Solil.* 1.3 (PL 32.871) and see Textual Notes
  /58   *nulla esse:* to translate, the pointing can be ignored: 'who think the
          merits of souls are nothing to you'

aeterna uera substantia. Ubi nulla discrepantia. Nulla
confusio. Nulla transitio. Nulla indigentia. Nulla mors. Vbi
65 summa concordia, summa euidentia, summa constantia,
34v summa pleni/tudo, summa uita. Ubi nichil deest: nichil
redundat. Vbi qui gignit et quem gignit | unum est. Cui
seruiunt quae seruiunt omnia, cui obtemperat omnis bona
anima. Cuius legibus rotantur poli, cursus suos sydera
70 peragunt, sol exercet diem, luna temperet noctem, omnisque
mundus per dies: uicissitudine lucis et noctis, per menses:
crementis detrimentisque lunaribus, per annos: ueris, estatis,
autumni, hiemisque successionibus, per lustra: perfectione
cursus solaris, per magnos orbes recursu in ortus suos
75 syderum magnam rerum constantiam quantum sensibilis
materia patitur: temporis ordinibus replicationibusque
custodit. Cuius legibus in euo stantibus: motus instabilis
rerum mutabilium perturbatus esse non sinitur, frenisque
circumeuntium seculorum semper ad similitudinem
80 stabilitatis reuocatur. Cuius legibus arbitrium animae liberum
est, bonisque praemia, et malis pene: fixis per omnia
necessitatibus distribute sunt. A quo manant usque ad nos
omnia bona. A quo cohercentur a nobis omnia mala. Supra
35r quem nichil, / extra quem nichil, sine quo nichil. Sub quo
85 totum, in quo totum, cum quo totum est. Qui fecisti hominem
ad imaginem et similitudinem tuam, quod qui se ipse nouit
agnoscit. Exaudi. Exaudi. Exaudi me deus meus. Domine
meus. Rex meus. Pater meus. Causa mea. Spes mea. Res mea.
Honor meus. Domus mea. Patria mea. Salus mea. Lux mea.

6/70 *temperet = temperat*
/70-77 *omnisque ... custodit:* 'and the whole universe – through days, by the
alternation of light and dark; through months, by the waxing and
waning of the moon; through years, by the succession of spring,
summer, autumn, and winter; through periods of several years, by
the completion of the solar course; through the great orbits (i.e.
the larger cycles of stellar and planetary movement), by the return
of the stars to their original positions – maintains, by the
regularities and repetitions of time, the mighty constancy of
things, as much as sensible matter allows.'
/83 *cohercentur = coercentur*

90   Vita mea. Exaudi. Exaudi. Exaudi me: more illo tuo paucis
     notissimo, iam te solum amo, te solum sequor. Te solum
     quaero. Tibi soli seruire paratus sum, quia tu solus iuste
     dominaris, tui iuris esse cupio. Iube queso atque impera
     quicquid uis, sed sana et aperi aures meas: quibus uoces tuas
95   audiam, sana et aperi oculos meos: quibus nutus tuos uideam.
     Expelle a me insaniam ut recognoscam te. Dic michi quo
     attendam ut aspiciam te: et omnia me spero quae iússeris esse
     facturum. Recipe oro fugitiuum tuum clementissime domine.
     Iam iam satis penas dederim, satis inimicis tuis quos sub
100 pedibus habes seruierim, satis fuerim fallaciarum ludibrium. /
35v Accipe me ab istis fugientem famulum tuum: quia isti me
     quando a te fugiebam acceperunt alienum. Ad te michi
     redeundum esse sentio. Pateat michi pulsanti ianua tua,
     quomodo ad te perueniatur doce me. Nichil aliud habeo quam
105 uoluntatem, nichil aliud scio nisi fluxa et caduca spernenda
     esse: certa et aeterna requirenda. Hoc facio pater, quia hoc
     solum noui. Sed unde ad te perueniatur ignoro. Tu michi
     suggere, tu ostende, tu uiaticum praebe. Si fide te inueniunt
     qui ad te refugiunt: fidem da. Si uirtute: uirtutem. Si scientia:
110 scientiam. Auge in me fidem, auge spem, auge caritatem. O
     ammiranda et singularis bonitas tua, ad te ambio, et quibus
     rebus ad te ambiatur: a te rursum peto. Tu enim si deseris:
     peritur. Sed non deseris: quia tu es summum bonum, quod
     nemo recte quesiuit et minime inuenit. Omnis autem recte
115 quesiuit: quem tu recte querere fecisti. Fac me pater quaerere
     te, uindica me ab errore querentem te. Nichil michi aliud pro
36r te occurrat. Si ni/chil aliud desidero quam te: inueniam té iam
     queso pater. Si autem est in me superflui alicuius appetitio: tu
     ipse me munda, et fac idoneum ad uidendum té. Caeterum de
120 salute corporis mei huius mortalis quamdiu nescio quid michi
     ex eo utile sit | uel eis quos diligo: tibi illud committo pater
     sapientissime atque obtime, et pro eo quod ad tempus
     ammonueris: te deprecabor. Tantum oro excellentissimam
     clementiam tuam, ut me penitus ad te conuertas, nichilque

6/105   *caduca:* transitory things

125 michi repugnare facias tendenti ad te, iubeasque me dum hoc
ipsum corpus ago atque porto: purum, magnanimum. Iustum
prudentemque esse, perfectumque amatorem perceptoremque
sapientiae tuae et dignum habitatione | atque habitatorem
beatissimi regni tui. Amen.

7
Ymnus ad dominum

Iuste iudex Iesu Christe, regum rex ⟨et⟩ domine,
Qui cum patre manes semper, et cum sancto flamine:
Tu digneris preces meas clementer suscipere.

4 Tu de celis descendisti, uirginis in uterum.
36v Inde sumens / ueram carnem: uisitasti seculum,
Tuum plasma redimendo: sanguinem per proprium.

7 Tua queso deus meus: gloriosa passio,
Me defendat incessanter: ab omni periculo,
Vt ualeam permanere: tuo in seruitio.

10 Assit michi tua uirtus: semper et protectio,
Mentem meam ne perturbet: hostium incursio.
Nec dampnetur corpus meum: fraudulenti laqueo.

13 Dextra forti Acherontis: qui fregisti ianuas,
Frange meos inimicos: necnon et insidias,
Quibus uolunt cordis mei: occupare semitas.

16 Audi Christe me clamantem: in peccatis miserum,
Et quaerenti pietatem: porrige solatium,
Ne insurgant inimici: meum ad opprobrium.

6/126   *Iustum:* this clause is to be construed with the preceding one

19   Destruantur et tabescant: qui me uolunt perdere,
     Fiat ipsis in ruinam: laqueus inuidiae.
     Iesu, pie, Iesu, bone: noli me relinquere.

22   Tu defensor, tu protector: tu sis michi clipeus,
     Ut resistam te rectore: michi detrahentibus,
     Et eisdem superatis: gaudeam diutius.

25   Mitte sanctum de supernis: sedibus paraclitum.
37r Suo meum qui illustret: splendore / consilium,
     Odientes me repellat: et eorum odium.

28   Sancte crucis tuae signum: sensus meos muniat,
     Et uexillo triumphali: uictorem me faciat,
     Vt deuictus inimicus: uiribus deficiat.

31   Miserere mei Christe: uiui dei genite.
     Miserere te precanti: angelorum domine,
     Esto semper memor mei: dator indulgentiae.

34   Deus pater, deus fili: deus alme spiritus,
     Qui es semper unus deus: diceris et dominus,
     Tibi uirtus sit perhennis: honor et perpetuus. Amen.

8a
Oratio de sancta cruce

Aue gloriosissima omnium lignorum preciosissima et
splendissima, quae tactu conditoris tui sanctificata, et eius
gloriosissimo sanguine cruentata: felix permanes et
permanebis in secula. Quae si non in paradisi tellure orta
5 fuisti: tamen preciosior cunctis eius arboribus extitisti, non
decore frondium propriorum aut pulchritudine florum, siue
dignitate fructuum: sed castissimis membris regis aeterni
37v quae sustinuisti: dum omne redimeret seculum. / Modo non
solum uirtus tua ubique resplendet lumine claro: uerum etiam
10 nomen tuum cuncto preciosius est mundo. Trans ethera fulges,

seculum reples, inferna perlustras. Te angelicae mirantur
potestates, mundi adorant principes, demonum timent
satellites. Perdita restauras, restaurata conseruas, conseruata
sanctificas, destructa reparas, infirmos sanas, dolentia
15 letificas, demonum arte lesos saluificas, mortuos uiuificas, et
cuncta bona edificas. In presentia tua infernus gemit, demon
fugit, mors expauescit, et omnis contraria uirtus audire
pertimescit. Sicut enim magnalia Christi Iesu | qui hostia in te
pependit manent incomprehensibilia: sic laudem tuam et
20 uirtutem nulla mortalis unquam promere potest lingua. Ille
enim fructus tuus piissimus, dulce lignum, dulce pomum,
38r dulces clauos, dulces palmas, dulce pondus, / dulce onus
sustinens. Tu felix sola sustinuisti talentum mundi.
Quapropter emptio nulla est in te, precium nullum pro te,
25 appretiatio nulla super té. In comparatione tui: aurum est ut
stipula, gemme ut fauilla, et ut stercus omnis mundi gloria,
sol: ⟨ut⟩ nebula, ut nox: sydera, et cuncta quae transeunt: tibi
inaequalia. Non orbis partes quadriformes tam feracem ferunt
arborem, in radice, fronde, flore, fructu, et in sancto germine.
30 Iccirco nos serui inutiles cantando, gemendo, atque
lamentando, prosternimus preces ante conspectum tuum, et te
adoramus crux ueneranda, crux colenda, et crux adoranda, per
cuius lignum sumus redempti, cuius signo firmati, cuius
uexillo muniti, cuius nomine defensi atque protecti, et cuius
35 uirtute nunc usque saluati. Te inuocamus, te adoramus, et te
deprecamur, tu esto salus nostra, tu uirtus, tu protectio, murus
38v noster / inexpugnabilis, defensio nostra, gaudium nostrum, et
consolatio nostra, lux, uia, et uita nostra, spes nostra, arma
nostra, inuictissima liberatio nostra, redemptio nostra, et
40 resurrectio nostra. In uita positos nos salua, in angustiis
recrea, in aduersis conforta, in infirmitatibus corrobora, et in
morte nos libera, a daemonibus nos eripe, a morte perpetua
subtrahe, ianuam paradisi pande, et redemptori nostro qui in
te confixus pependit: post hanc uitam miserrimam, o crux
45 gloriosissima nos coniunge. De inimicis nostris per signum

8a/14   *dolentia: dolentes* gives better sense
/25   *appretiatio:* appraisal, valuing

sanctae crucis domine deus noster nos libera, et concede nobis
qui ad uitam dignatus es resurgere | mortemque nostram
destruere, ut his paschalibus sollennitatibus | mortificatis
uitiis: a te ualeamus nunc et semper curari, et hic et úbique
50 benedici, et in omni tempore sanari, atque per omnia secula
sanctificari. Saluator mundi | qui uiuis et regnas cum deo patre
39r in unitate / spiritus sancti deus: per inmortalia seculorum
secula. Amen.

8b
Alia oratio de sancta cruce

Domine Iesu Christe gloriosissime conditor mundi | qui es
splendor gloriae coeternus patri sanctoque spiritui: respice et
miserere michi misero oppresso facinorum pondere,
multarumque nequitiarum labe polluto, non me derelinquas
5 piissime domine: sed indulge quod impie gessi. Exaudi me
prostratum coram te ad adorandam gloriosissimam crucem
tuam, ut merear tibi mundus assistere: et placere conspectui
tuo. Sanctifica me domine signaculo sanctae crucis: ut fiat
michi obstaculum contra seua iacula mortis. Defende me
10 domine ab omnibus inimicis meis per lignum sanctum et per
pretium sanguinis tui: quo nos redemisti, qui cum deo patre et
spiritu sancto uiuis et regnas deus per omnia secula
seculorum. Amen. /

(8c)
(Added in a later twelfth-century hand)

39v ⟨O⟩mnipotens deus, et misericors pater
(Anselm, *Oratio* 1, ed. Schmitt, pp. 5-6)

9

40v Incipit prologus

Orationes siue meditationes quae subscripte sunt
(Anselm, *Prologue,* ed. Schmitt, p. 3)

10

41r Meditationes editae ab Anselmo Cantuariensi archiepiscopo.
Oratio ad excitandum timorem dei

Terret me uita mea, namque diligenter
(Anselm, *Meditatio* 1, ed. Schmitt, pp. 76-9)

11

45v Oratio ad postulandum amorem dei

Domine Iesu Christe redemptio mea
(Anselm, *Oratio* 2, ed. Schmitt, pp. 6-9)

12

49v Oratio pro amicis

Dulcis et benigne domine Iesu Christe
(Anselm, *Oratio* 18, ed. Schmitt, pp. 71-2)

13

52r Oratio pro inimicis

Omnipotens et pie domine Iesu Christe
(Anselm, *Oratio* 19, ed. Schmitt, pp. 73-5)

14

54v Oratio ad sanctam Mariam

Maria, tú illa magna Maria
(Anselm, *Oratio* 7, ed. Schmitt, pp. 18-25)

15

62v Alia

Uirgo mundo uenerabilis, humano generi amabilis
(Anselm, *Oratio* 6, ed. Schmitt, pp. 15-17)

16

65v Oratio ad sanctum Paulum

Sancte Paule, tú magne Paule
(Anselm, *Oratio* 10, ed. Schmitt, pp. 33-41)

17

76r Oratio ad sanctum Iohannem euangelistam

Sancte et beate Iohannes, altissime euangelistarum dei
(Anselm, *Oratio* 11, ed. Schmitt, pp. 42-5)

18

79v Item ad sanctum Iohannem apostolum

Sancte Iohannes, tú ille Iohannes, unus de magnis apostolis
dei
(Anselm, *Oratio* 12, ed. Schmitt, pp. 45-9)

19

85v Oratio / ad sanctum Stephanum

Sancte Stephane, beate Stephane, benigne Stephane
(Anselm, *Oratio* 13, ed. Schmitt, pp. 50-54)

20

92v Oratio ad sanctum quemcunque

Peccator seruule ⟨tu⟩ multum indigens, tu qui deum
(Anselm, *Oratio* 14, ed. Schmitt, pp. 55-61)

21

101v Oratio ad sanctam Mariam Magdalenam

Sancta Maria Magdalene l quae cum fonte lacrimarum ad
fontem misericordiae
(Anselm, *Oratio* 16, ed. Schmitt, pp. 64-7)

22

106r Oratio beati Maurilionis episcopi ad sanctam Mariam

Singularis meriti sola sine exemplo, mater et uirgo Maria,
quam dominus ita mente et corpore custodiuit: ut digna
106v existeres ex / qua sibi nostre redemptionis precium dei filius
corpus aptaret. Obsecro misericordissima per quam totus
5 saluatus est mundus: Intercede pro me miserrimo, et cunctis
iniquitatibus fedo: ut uel iam donet dominus infelici animae
meae amorem puritatis, affectum munditiae, tenorem
castitatis. Ego enim ego infelix, ego totius innocentiae, totius
sanctimoniae gratiam perdidi, ego templum dei sanctum

22   rubric *Maurilionis:* an unusual form of the name of Maurilius of
          Rouen: see Introduction
/7   *tenorem:* holding fast

10 multipliciter uiolaui. Sed quid ago | obscenitates meas
referens auribus illibatis? Horresco | domina horresco, et
arguente me conscientia: male nudus coram te erubesco. Cui
uero moribundus offeram uulnus meum, ad quem ibo, apud
quem deplorabo dolorem meum? Aut quando aliunde sperem
15 beneficia sanitatis. Si michi cláuditur unicum illud
reclinatorium eterne pietatis? Audi igitur domina. Au⟨di⟩ /
107r propitia. Audi et exaudi ciuem perditum de sorte hereditatis
tuae, post longa exilia, post seua ludibria, post multa
supplicia: reuertentem ad ubera consolationis tuae.
20 Meminimus et meminisse delectabile est qualiter ad
commendandum miseris unicum patrocinium tuum: cuidam
tuo seruulo agenti in extremis reuelasti memorabile nomen
tuum. Apparens enim ei cum esset in angustiis | et requirens
utrum te agnosceret, cum ille 'minime domina' tremens
25 responderet: tu ei pro benignitate tua quam blande quam
familiariter tu domina dixisti, 'ego sum misericordie mater.'
Apud quem ergo miseri, apud quem desolati | rectius
ingemiscimus deplorantes mala totius calamitatis et miseriae:
quam apud te ueram et indubitatam matrem misericordiae?
107v Mater sancta, mater / inmaculata, mater incorrupta, mater
misericordiae, mater pietatis et indulgentiae. Aperi sinum
pietatis: et suscipe mortuum in peccatis. Ecce domina filius
prodigus, nudis et atritis pedibus de loco horroris, de nebula
immunditiae et fetoris: suspirat, clamat, et appellat matrem,
35 non immemor quotiens eum foueris, téxeris, excusaueris apud
patrem. Et quidem ille piissimus atque benignissimus pater: tu
tamen dulcis et suauis mater. Agnosce benedicta filios tuos:
quos unice dilectus unigenitus tuus non erubuit nominare
fratres suos. Et si pro illo innocente crucifixo pertransiuit
40 gladius animam tuam: quomodo super mortuis in peccato
pupillis tuis te continere, quomodo unquam maternis fletibus
108r et lacri/mis o domina poteris temperare? Abstráhimur,
diripimur, captiuamur, non est qui eruat, qui redimat, qui

22/16   *reclinatorium:* resting place
/33   *prodigus:* cf. Lc 15:11-24
/39   *pertransiuit:* cf. Lc 2:35

consurgat diluculo: et respondeat pro nobis. Surge pia, surge
45 propitia: intra sacrarium exauditionis, expande manus
inmaculatas: ante aureum altare illud humane
reconciliationis. Erit per te impetrabile: quod per te
ingerimus, erit certe excusabile: quod timemus. Nec diu
poterit te sustinere pro miseris supplicantem: quem tu
50 sepissime consolata es dulcis mater infantem uagientem. Que
ergo potentior meritis ad placandam iram iudicis quam tu:
quae meruisti mater existere eiusdem redemptoris et iudicis?
Ne dubites domina mea: ipse enim os meum et caro mea. Ipse
108v capud nostrum, ipse cognouit figmentum / nostrum. Decus
55 uirginum, domina gentium, regina angelorum, fons ortorum,
ablutio peccatorum. Sancta et perpetua uirgo Maria: succure
misero, subueni perdito, ut qui iam pro dolor non audet
angelicam illam stolam uirginalem: tuis gloriosa meritis |
qualemcunque recipiat uestem nuptialem. Denique et si non
60 merebor | immo quia non merebor uicinus accedere atque
interesse florigeris atque odoriferis gloriae uestrae choris:
eminus saltem positus et longe constitutus | uidere merear et
audire processus uestros, tympana uestra, concentus uestros,
et quid illud gloriae et exultationis erit: quando tripudiabitis
65 sequentes agnum quocunque ierit.
    Singularis uirgo, summa et perpetua uirgo, sola mater et
uirgo sancta Maria: in fine orationis, in extremo fatuae huius
et indigne supplicationis: hoc unum rogo, hoc unum precor et
109r obsecro, in no/mine dilecti filii tui: dona michi misero iugem
70 et perhennem memoriam suauissimi nominis tui. Sit cibus
dulcissimus, cibus suauissimus animae meae, assit michi in
periculis, assit in angustiis, assit in principio letitiae meae. Si
enim hoc dei dono et tuo mereor obtinere: nullatenus certe

22/54   *figmentum:* Ps 102:14
  /55   *ortorum = hortorum;* cf. Ct 4:15
  /56   *succure = succurre*
  /57   *pro = proh*
         audet: an awkward construction without an infinitive following; see
         Textual Notes
  /64   *tripudiabitis:* dance in jubilation
  /65   *sequentes:* Apc 14:4

unquam uereor funditus interire. Aderit enim michi semper
75 gratia tua, aderit miseratio et protectio tua, et si in infernum
demersus fuero: eó me requires, et inde me extrahes et reddes
filio tuo: qui me redemit et lauit sanguine suo, Iesus Christus
dominus noster, qui cum deo patre et spiritu sancto uiuit et
regnat, per omnia secula seculorum. Amen.

23
Oratio ad sanctam Mariam

Sancta et inter sanctos post deum
  (Anselm, *Oratio* 5, ed. Schmitt, pp. 13-14)

24
111v De sancta Maria

O beata et intemerata et in aeternum benedicta | singularis
atque incomparabilis uirgo dei genitrix Maria, gratissimum
dei templum, spiritus sancti sacrarium, ianua regni caelorum,
per quam post deum totus uiuit orbis terrarum: inclina aures
5 tuae pietatis indignis supplicationibus meis, et esto michi
peccatori: pia in omnibus auxiliatrix.
    O Iohannes beatissime Christi familiaris amice, qui ab
eódem domino Iesu Christo uirgo electus, et inter caeteros
magis dilectus, atque misteriis celestibus ultra omnes
10 imbutus, apostolus eius et euuangelista factus es
112r praeclarissimus: te in/uoco etiam cum matre eiusdem
saluatoris: ut michi opem tuam cum ipsa ferre digneris.
    O duae gemmae caelestes Maria et Iohannes, o duo
luminaria diuinitus ante deum lucentia: uestris radiis |
15 scelerum meorum effugate nubila. Uos estis illi duo: in quibus
deus pater per filium suum specialiter edificauit sibi domum,
et in quibus ipse filius dei patris unigenitus | ob sincerissimae

24/10   *euuangelista = euangelista*
  /15   *nubila:* cf. Is 44:22

uirginitatis meritum | dilectionis suae confirmauit priuilegium
| in cruce pendens uni uestrum ita dicens, 'Mulier, ecce filius
20 tuus.' Deinde ad alium, 'Ecce mater tua.' In huius
sacratissima amoris dulcedine, qua ita tunc ore dominico
uelut mater et filius inuicem coniuncti estis: uobis duobus ego
peccator hodie corpus et animam meam commendo, ut /
112v omnibus horis atque momentis: intus et exterius firmi
25 custodes et pii apud deum intercessores michi existere
dignemini. Credo enim firmiter, fateor indubitanter: quia uelle
uestrum uelle dei, nolle uestrum nolle dei, unde et quicquid ab
illo pétitis: sine mora optinetis. Per hanc ergo tam
potentissimam uestrae dignitatis uirtutem: poscite michi
30 corporis et animae salutem. Agite queso agite uestris gloriosis
precibus: ut cor meum inuisere et inhabitare dignetur spiritus
almus, qui me a cunctis uitiorum sordibus expurget, uirtutibus
sacris exornet, in dilectione dei et proximi perfecte stare et
perseuerare faciat, et post huius uitae cursum: ad gaudia ducat
35 electorum suorum benignissimus paraclitus, gratiarum
largitor opimus, qui patri et filio consubstantialis et coeternus
113r cum eis et in eis uiuit / et regnat omnipotens deus in secula
seculorum. Amen.

25a
Alia oratio de sancta Maria

Imperatrix reginarum,
    et saluatrix animarum,
Pretiosa margarita,
    rosa gelu non attrita.

5 Lux solaris clara stella,
    spiritualis dei cella,
Paradisi patens porta,
    per quam salus fuit orta.

24/19   *Mulier:* Io 19:26-7
/27   second *dei:* supply *est;* see Textual Notes

9 Benedicta gloriosa,
     super omnes speciosa,
     Uirga Iesse generosa,
     pulchra nitens et formosa.

13 Vas electum creatoris,
      medicina peccatoris,
      Exaltata spes lapsorum,
      super choros angelorum.

17 Lepra tabens peccatorum,
      ad te clamo fons ortorum,
      In extremo uite pirgo,
      me tuére pia uirgo.

21 Uitis sacra dulcis uua,
      fidem sitientis iuua,
      Ex oliuae tuae ramo,
      mitte guttam quam reclamo.

25 In camino uitiorum,
      stabiliui michi thorum,
      Ex mamilla pietatis,
      funde rorem castitatis.

29 Cuius sacrum per liquorem, /
113v   tu extinguas hunc ardorem,
      Aut per spiritualem facem,
      prorsus uras hanc fornacem.

33 Multa flamma iam surrexit,
      multus fumus inde exít,
      Ita fumi fetor olet,
      sulphur ut olére solet.

25a/11   *Uirga Iesse:* Is 11:1
   /18   *ortorum = hortorum;* cf. Ct 4:15
   /19   *pirgo =* CL *pergo*
   /26   *thorum = torum*

37 Inimicus ob reatum,
    talem dedit odoratum,
Sed tu pia regina,
    fac ut cadat haec pruina.

41 Fac calere solem uitae,
    et pruinam hanc remitte,
Ipsum solum interpella,
    per quem lucet omnis stella.

45 Vt in solem quem rogamus,
    tabernaculum ponamus,
Et ab ipso doceamur,
    per quod iter gradiamur.

25b
Alia

Salue regina omnium,
    uirgo mater post unicum,
Salue celestis ianua,
    peccatoribus patula.

5 Salue tu dei genitrix,
    uirgo florens et fertilis,
Tuo processit utero,
    tanquam sponsus de thalamo.

9 Qui nos uenit redimere, /
114r   mundum dignatus uisere,
Ne sit michi dampnatio,
    piissima redemptio.

13 Ecce quantum horribilis,
    castis assisto oculis,

25a/39   *Sed ... regina:* the meter of the line is defective without another
       syllable; see Textual Notes for the reading *Sed tu pia tu regina*

Tuis primum post omnium:
    felicibus celestium,

17 Quorum mea luxuria,
    mordetur pudicitia,
Nec istud modo uitium,
    michi infert principium:

21 Sed quot dicuntur nomina,
    tot michi insunt uitia,
Quorum miser dominio,
    assiduus inseruio.

25 Et quia moles criminum,
    me malis facit miserum,
Ad te solam confugio,
    tuum solamen quaerito.

29 Aperi michi piissimum,
    pietatis sacrarium,
Pateant aures sanctissimae,
    meae uotis angustiae.

33 Appella pro me filium,
    dei tuique unicum,
Et sit michi remissius,
    quod te quero prae omnibus.

37 Audi uoces miseriae,
    quas non possum exoluere:

25b/15-16 *post ... celestium:* 'afterwards before the happy (eyes) of all the
        blessed'
   /20   *michi infert principium:* 'inflicts its inception on me.' But see Textual
        Notes for an easier reading.

Nisi tibi sanctissima,
    uirgo post partum unica.

41 Ne sit tibi offensio,
    tot scelerum confessio,
  Nam se calcari pedibus,
    meis nollet diutius:

45 Si me terra cognosceret:
114v   se subtus me / dehisceret,
  Sum enim bonis omnibus,
    malis meis contrarius.

49 Quod diligis non diligo,
    uirginitatem fugio,
  Periurus mendax ínuidus,
    illicitorum cupidus.

53 Ira frendens et odio,
    et semper studens otio,
  O quam lugére debeo,
    tot uitiis qui seruio.

57 Nam non urbis excidium,
    sed animae est periculum,
  Imago dei dísperit,
    anima caelo decidit.

61 Quid dicam ante iudicem,
    caelis terris terribilem,
  Cum statuet iudicium,
    et iudicabit seculum?

65 Vix tunc iustus saluabitur,
    et impius dampnabitur,
  Ibi parebunt omnia,
    a seculis abscondita.

69 Vnusquisque pro merito,
     recipiet a domino,
Boni bonorum gaudia,
     mali malorum praemia.

73 Locus meis similibus,
     cum igne gelu uermibus,
Infelices qui talia,
     passuri sunt supplicia.

77 Ego tamen prae omnibus,
     si horum ero socius,
Heu heu michi misero,
     cur processi ex utero,

81 Cur lactatus uberibus,
     cur nutritus remissius,
Vt infernales pascerem,
     et caeli regna perderem? /

115r Sors mea nimis misera,
     lugete mecum omnia,
Dole celum superius,
     tellus necnon inferius.

89 Immo Christum exposcite,
     et pro me intercedite,
Quonam miser confugiam,
     quem aduocatum éxpetam?

93 Sum peccator prae omnibus,
     iccirco nunc sublimius:
Expedit me transcurrere,
     et adiutorem quaerere.

97 Tu sancta dei genitrix,
     hac es in re possibilis,
Te spem meam constituo,
     tibi me seruum offero.

101 Fide tua me suscipe,
    nato tuo restitue:
Mea infelix anima,
    ne sit in fine perdita.

105 Praesta michi subsidium,
    dum hoc suspiro seculum,
Et cum recedit spiritus,
    adesto castis praecibus.

109 Nam te orante domina,
    surgent sanctorum milia,
Si tu sola silueris,
    uox nulla erit aliis.

113 Nam es regina celicum,
    rectrix redemptrix omnium,
Noli silere domina,
    esto michi propitia.

117 Non uult enim me perdere,
    qui me redemit sanguine,
Ille regina unicum,
    quem genuisti filium.

115v Fac festum / eius angelis,
    fac nunc uacare gaudiis,
Mea enim conuersio,
    fiat eis laetatio.

125 Et conuersum a uitiis,
    custodi dei genitrix,
Me cunctis locis protege,
    in uiam pacis dirige.

25b/113   *celicum* = CL *caelitum;* those dwelling in heaven
   /117   *perdere:* cf. Ez 33:11

129 Stantem sedentem corrige,
    in cunctis factis prospice,
Manum sacratam porrige,
    labentem necnon erige.

133 Marina stella obsecro,
    serua me mali tedio,
Aufer michi periculum,
    ut uales et scis indigum.

137 Uales enim prae omnibus,
    quos praecellis uirtutibus,
Tu angelorum domina,
    et prophetarum gloria,

141 Apostolorum martyrum,
    confessorum et uirginum,
Necnon sanctorum omnium,
    ut est ordo caelestium,

145 Quorum iuncta consortio,
    ora pro me miserrimo,
Solue mei miseriam,
    et impende clementiam.

149 Ab hedis tristem eripe,
    et ouibus intersere,
Fac me gaudere floridis,
    paradisi deliciis,

153 Ut Christi uocem audiam,
    per quam regnum possideam,
Per té regina omnium,
    uirginitatis speculum. /

25b/149   *hedis:* goats; a figure for wantonness

116r Audi Christe piissime,
    patris matrisque unice,
Illius absque termino,
    istius in hoc seculo.

161 Audi matrem piissimam,
    quam sic fecisti inclitam,
Hec est cuius uisceribus,
    dulcis prodisti dulcibus.

165 Dulcedinem inueniam,
    quam in te spero unicam,
Tu es enim suauitas,
    et singularis pietas.

169 Adiuro te rex iterum,
    per nomen tuum mirificum,
Cunctis rebus terribile,
    cunctis seclis mirabile,

173 Ut sit michi proficuum,
    et auertat periculum,
Cumque micabit terminus,
    omnium rerum caelitus,

177 Eius michi confessio,
    sit scelerum remissio,
Et adipiscar ueniam,
    euadendo sententiam.

181 Nec imputes stultitiae,
    rex Christe clementissime,
Quod nominare audeo,
    exponere quod nequeo.

25b/172   *seclis = saeculis*

185 Legem enim necessitas,
          neque habet aduersitas,
      Uale redemptor omnium,
          cuius ualet dominium.

189 Vale beata trinitas,
116v   et triplicata / unitas,
      Vale per omne seculum,
          et dele massam scelerum.

193 Salue tu dei genitrix,
          uirgo inestimabilis,
      Salue caelestis pietas,
          et pietatis caritas,
197 Sis serui tui deprecor,
          immeriti non inmemor. Amen.

26
De sancto Iohanne baptista. Oratio.

Sancte Iohannes, tu ille Iohannes qui deum
(Anselm, *Oratio* 8, ed. Schmitt, pp. 26-9)

27
121v Oratio ad sanctum Petrum

Sancte et benignissime Petre, fidelis pastor ouium dei
(Anselm, *Oratio* 9, ed. Schmitt, pp. 30-33)

28

125v Oratio ad sanctum Andream

Sancte et pie Andrea: ad pietatis tuae ianuam | sedet et clamat
mendícans anima mea. Adhibe aurem miserationis, aperi
ianuam pietatis: et admitte clamorem pauperis ad te
confugientis, tu cuius pietas tanta extitit: ut ab uniuersis pius
5 Andreas cognomineris. Non est interuentor qui pro me tibi
suggerat: non est qui indigentiae meae necessitatem coram te
perferat. Ipsa itaque pietas tua pro me suggerat apud te: et te
exorabilem reddat circa me. Si á te | misera et miserabilis
anima mea auersa fuerit, si a te misericordiae panem non
126r acceperit: ad quem / ibit? Quem exorabit? Ab aliis exclusa
confugit ad te: quem audierat praedicabilem immensa pietate.
Fame consumpta prorsus deficiet, quia de longe ueniens: non
habet quod manducet, nec aliquis est qui illius misereatur: et
aliquid boni sibi eroget. Quin etiam incidit in latrones: Amore
15 dei et cunctis eam uirtutibus expoliauerunt, mortiferis eam
telis uitiorum conuulnerarunt, relinquentes illam non dico
semiuiuam: sed pene omnino extinctam. Veniat ueniat tandem
tibi in mentem miseratio illa | quam super tales exhibuit fons
ille totius pietatis: a quo hausisti tantam pietatem. 'Misereor'
20 inquit 'super esurientem turbam, quia iam triduo sustinent
me: nec habent quod manducent.' Audisti, affuisti, interfuisti:
quando miserans eos de quinque panibus satiauit ad plenum
126v plusquam quinque / milia hominum. Continebis itaque uiscera
pietatis tuae super animam fame iam deficientem, panem
25 misericordiae a te exquirentem, et tam diu iam te
sustinentem? An michi soli impius eris? An quia nimium
deliqui, ut misericordia michi omnino denegetur promerui?
Certe pietas et misericordia non est necessaria: ubi non est
miseria atque indigentia. Et quanto maior perurget indigentia:
30 tanto praedicabilior est misericordia. Quis ergo imitabitur

---

28/19   *Misereor:* Mc 8:2
  /20   *sustinent:* wait for; see also lines 26 and 43
  /22   *panibus:* Mt 14:13-21

magistrum pietatis in exequendo praecepto pietatis | si tu non
imitaris qui prae ceteris pius praedicaris? Inquietaris
importunitate mea. Sed quid agam? Si enim non clamauero:
mors michi est, quia deficiam et peribo. Si autem clamare non
35 omisero: molestus tibi esse timeo. Doctor bonus, doce cor
meum quid orare, et quomodo cum aliqua efficatia debeat te
exorare. Doctor bonus, ab eo qui non uult mortem peccatoris
127r sed ut / conuertatur et uiuat edoctus: respice miserationis
respectu in animam peccatricem, quae conuerti ac reuerti
40 concupiscit ad suum creatorem, in limo uitiorum demersa:
nititur et conatur exurgere, sed non habens uires quibus se
ualeat erigere: deficit iam miserabili lassitudine. Iam diu
laborando: clamat et sustinet te. Defecerunt oculi illius: dum
sperat in deum suum. Ubi itaque pietas, ubi bonitas, ubi
45 miseratio tua? Ne desperatione prorsus intereat: porrige
manum petenti, erige, tene, sustine: donec ad eum ad quem
sitit ad quem desiderat | uidelicet ad sui creatoris
misericordiam perueniat. Pastor aecclesiae | admitte
aberrantem ouem: quae reuerti cupit, et plorat et implorat: ut
50 mereatur admitti. Excludes introire uolentem, quam redire
127v nolentem reuocares, et hu/meris impositam reportares? Si
excluseris: sentiet summus pastor detrimentum gregis sui. Leo
enim circuiens querit quem deuoret. A quo tu ipse deuorari
metuebas: quando pia et exorabili prece clamabas, 'Non me
55 permittas errantem: sicut ouem non habentem pastorem.'
Audiuit et exaudiuit clamorem tuum summus pastor: et
protinus assumptum secum collocauit in caelo. Audi itaque
clamorem perditae ouis, quae reuertitur de longe, et
deprecatur admitti. Exhibe eandem miserationis opem: quam
60 tibi exhibuit pius pastor, cum eandem subires necessitatem.
De illo quippe sauciato quem Samaritanus curauit | cum
dominus commemorasset: quid tandem subintulit? 'Uade: et

28/31   *exequendo = exsequendo*
/37   *mortem:* Ez 33:11
/43   *Defecerunt:* Ps 68:4
/52   *Leo:* I Pt 5:8
/62   *Uade:* Lc 10:37

tu fac similiter.' Ipsa misericordia praecipit et inuitat: ut
misericors fias. Ecce coram te iacet sauciata: et male laniata
128r ani/ma mea. Infunde oleum miserationis, adhibe suffragia
piae interuentionis: si aliquo modo euadere queat periculum
aeternae mortis. Audiet te libenter supplicantem pro nobis:
qui proprio filio non pepercit, sed pro nobis omnibus tradidit
illum.

29
Ad sanctum Cuthbertum oratio

O, decus Anglorum, titulis pollens meritorum,
Mi Cuthberte pater, pronis pius, hostibus acer,
Te michi suspiro, te spe, prece, mente requiro.
Nouimus alter erit tua qui suffragia querit,
5 Tristis letatur, flens ridet, egensque beatur.
Nunc hilaris mesto: misero miserator adesto.
Sum mestus plane, quod uixi fugit inane.
Fugit enim dixi, uita nil utile fixi.
Quantum peccaui, flens crimina post iteraui.
10 Quae bona quae liqui: nil detestatus iniqui?
O, me peccantem, spreui peccando tonantem, /
128v Quem quotiens spreui: me de caelis aboleui.
Exosus celo: terre, cur uiuus anhelo?
Postponens Christum delegi mortis abissum,
15 In baratri fundum, mergit scelus omne profundum.
Horreo peccantem, me dico tanta patrantem,
Non fero me talem, me conspiciens animalem.
Fonte dei lotus, renouabar et unguine fotus,
Splendidus exiui, sed post sordes repetiui.
20 Ue michi peccaui, culpas culpis cumulaui.
Ue michi quo uadam? nouus in me decidit Adam.
Ingemino ue ue, repeto ue filius Euae.

28/68   *proprio:* Rm 8:32
29/11   *tonantem:* God
/15   *baratri:* hell

Non tolero memet, nec possum linquere memet.
Tu locus effugii pater es, patiaris adiri,
25 Huc magis ipse cito: miseri miserendo uenito.
Respice languentem, peccaui, morte pauentem:
Exora Iesum, uelit me uisere laesum.
Saucius ex telo culpe, medicamen anhelo.
Fer precor antidotum medicus, medicina dolorum.
30 Porrige queso manum, facies mox surgere sanum,
Porrige quo mundum: reddat baptisma secundum. /
129r Spes mea post Christum, prece pellas omne sinistrum.
Oro iuuare uelis, et mox tibi stabo fidelis.
Posce michi flatum, quondam tibi mistica fatum:
35 Quae puer octennis: perdiscis ab ore triennis.
Ut te de caelis Raphael: me trade medelis,
Dans nautis portum: fac tendam pacis ad ortum,
Orans intente, transcendens terrea mente,
Quo tu tendebas, sanctum transire uidebas,
40 Fac ut eo tendam: dum morti iura rependam.
Te pater insignis, demon expauit et ignis
Me fugiant per te Sathanas, Uenus, hostis uterque.
Pastus ut in terris, paradysi pane referris:
Fac uiui panis, nunquam mea mens sit inanis:
45 Orans, praedicens, praesens, absens, benedicens,
Potu, pane, manu, cruce, crismate, munere, tactu:
Morbis marcentes, subito das ire ualentes.
Egrum peccatis: releuato pater pietatis,
Me repares queso, fer opem pater optime laeso.
50 Respice prostratum: culparum mole grauatum,
Stabo sanatus: si uis audire rogatus. /
129v Quod uis: fac uelle, procul a me cetera pelle,
Uelle quod odisti, da uiuam uictima Christi,

29/35   *octennis:* Cuthbert at the age of eight was admonished by a three-
year-old to give up childish games in light of his future calling; cf.
Bede, *Vita sancti Cuthberti* c. 1, ed. Bertram Colgrave, *Two Lives
of Saint Cuthbert* (Cambridge 1940) pp. 154-8
/43   *referris:* you are repaid
/46   *crismate:* chrism
/52-3   *procul ... odisti:* 'drive from me the rest, to will what you hate'

Viuam non mundo: sed caelis fine secundo.
55 O, cui te credis secrete gratia sedis,
Te bene te nouit, secretius abdita fouit:
Quae solui carne te uiderat inclita Farne.
Sancte dei ciuis: melius post funera uiuis,
Sanctus cum sanctis, felicior ore tonantis,
60 Sanctus sanctorum tua pars, tua palma laborum.
Suscipe uota precum, peto, fac me uiuere tecum.
Dic rogo dic amen, dic consummando precamen.

30
Alia oratio

Deus uerax et pius, qui patronum nostrum beatissimum
CUTHBERTUM | tanta spiritualis gratiae ubertate tueque
cognitionis familiaritate gratuita bonitate sullimasti, ut per
inuocationem sanctissimi nominis tui | miseris opem,
5 desolatis mereretur afferre solamen: concede michi qui eum
pro adquirenda gratia tua aduocatum cum ceteris fidelibus tuis
130r elegi, ut / eodem pro me interueniente: ueterem hominem
cum actibus suis exuere, nouique uestigia sequi merear. Aue
pater gloriose, salue sacerdos inclite CUTBERTE, qui triennis
10 pueri uoce lacrimabili admonitus: mundum cum suis
oblectationibus corruentem fugere, et Christo factori tuo
inseparabiliter adherere studuisti, ne cum cadente mole
peccaminum oppressus corruam: apud dei clementiam posce
michi ueniam. O bone CVTHBERTE monachorum gemma,
15 sacerdotum diadema, per illius caritatis dulcedinem qua

29/57   *Farne:* a reference to Cuthbert's retreat from the world on the island
         of Farne; see Bede, c. 17; Colgrave, pp. 214-16
/59   *ore tonantis:* 'before the countenance of God'
30/3   *sullimasti = sublimasti*
/7   *ueterem hominem:* cf. Col 3:9
/9-10   *triennis pueri:* see Bede, c. 1; Colgrave, p. 156; see above, 29/35 and
         note

angelum ospicio susceptum terrenis sumptibus pascere
studuisti: te suppliciter deprecor, ut me famulum tuum releues
a peccatis, et impetres michi copiam diuine propitiationis: qua
tecum pasci merear angelorum deliciis. O, beate o, sancte
20 CUTHBERTE | cui egresso a tumentibus maris fluctibus | quo
130v perui/gil dómitor tui pernoctaueras | equoris animalia praeter
solitum mitia, obsequium praebuerunt: erue ab anima mea
grauia peccatorum onera | quibus subiacet misere conculcata,
et eam ab immensa uitiorum obligatione sullatam: orationibus
25 tuis domino repraesenta, CVTHBERTE uenerande pater, quem
sibi diuinus amor tanto dilectionis faedere obligauit, ut per
eum ignes noxios fantasticos et materiales ne insurgerent
aliquando reprimeres, et elatos ne nocerent sepius orando
restingueres: orationibus tuis mortifica in me omnium
30 fomitem uitiorum et flammam quibus indesinenter ardeo, et
concrema cor meum illo caritatis igne: quo fideliter arsisti,
diuinorum praeceptorum humiliter obediendo monitis.
CUTHBERTE reuerende sacerdos, qui Herebertum sacerdotem
honeste uite meritis imitabilem | tibique spiritualis amicitiae
131r uinculo innexum | caeles/tis, militie exortationibus mellifluis
adeo debriasti, quatinus te doctore et commonitore | impor-
tunos uitiorum tumultus despiciens, nichil aliud quam uelle
dissolui et esse cum Christo cuperet, quique eidem familiari
tuo quo tempore carnis uigorem deponeres prophetico spiritu
40 pollens indicare uoluisti, eum quoque contemptu seculi
sullimem, iustitiae merito gloriosum, castitatis laude
angelicum, omniumque uirtutum studiis adornatum,
contemporaneum uiatorem, et dilectissimum sodalem ad
gaudia supernae hereditatis capienda a deo precibus habere
45 obtinuisti: admiranda qua praecellis apud deum gratia:
delictorum que me grauant posce michi ueniam. Amen.

30/16	*ospicio = hospitio;* see Bede, c. 7; Colgrave, p. 176
	sumptibus: food, provisions
/21	*peruigil domitor:* see Bede, c. 10; Colgrave, pp. 188-90
/33	*Herebertum:* see Bede, c. 28; Colgrave, pp. 248-50
/36	*debriasti:* intoxicate, inflame
/38	*dissolui:* Phil 1:23

31
Oratio ad sanctum Nicholaum

Spes tribulatorum, lacrimas miserans miserorum:
Quero miser totis tua nunc suffragia uotis,
31v O NICHOLAE sacer quia me mens / increpat acer:
Culparum pestis est quae michi conscia testis.
5 Quantum peccaui, sed et hoc quotiens iteraui.
In quot et in quantis despexi iussa tonantis,
Sancte dei ciuis qui iam super aethera uiuis.
Totus amore fluens quin et pietate redundans,
Addictis morti uitae portam reserasti.
10 Tu mitis puerum sustollis ab aequore mersum,
Uirgineumque decus seruaras ipse pudicus,
Viscera nanque tua suaui sunt melle repleta.
In te nunc spero quem patronum michi quaero,
Qui pater es miseris qui constas largus egenis.
15 Da michi quaeso manum, fac et me surgere sanum.
Fer prece solamen et erit procul omne grauamen.
Plena putent sordis michi putrida uascula cordis,
Quod prece permunda sicut baptismatis unda,
Et facito puras me denuo uoluere curas.
20 Quis tua quaesiuit suffragia nonque recepit?
132r Presul / amice dei michi gaudia da requiei.
Quam sunt immites, quas ex me perfero lites.
Spiritus hinc pugnat, illinc caro seua repugnat.
Alter agit susum, sed deprimit altera iusum.
25 Quae uincenda fuit, carnis petulantia uincit.
Est deflenda bonis, nimis haec sors conditionis.
Quod diuersa quidem, sic sustinet unus et idem.
Tu qui tanta facis, misero pete federa pacis.
Per te pace data, ueniat michi uita beata,
30 Qua caro sit menti, mens subdita cunctipotenti.
Haec michi pax rite reseret peto limina uitae.
Spes mea sub Christo, sim corpore castus in isto.

31/1   *tribulatorum:* the afflicted
 /21   *Presul:* Bishop

Defer et omne bonum, michi te faciendo patronum.
Eripe me fortis, saluans a principe mortis.
35 In patria celi, sedem deposce fideli. Amen.

32
Oratio ad sanctum Benedictum

Sancte et beate Benedicte, quem tam opulenta
(Anselm, *Oratio* 15, ed. Schmitt, pp. 61-4)

33a

135r ⟨S⟩ancte sanctorum omnium sanctificator potentissime, et
uniuersorum ordinator equissime sancte spiritus, patris et filii
communio, amor et uoluntas utriusque, procedens ab utroque,
deus deo coessentialis et consubstantialis: assis precor michi
5 misero de lacu miseriae liberator, assis peccatori: de
peccatorum immanitate mundator. Assis inquam assis
peccatori: sed iam per te tuae misericordie petitori. Assis
queso per inhabitationis gratiam: qui nusquam dées per
maiestatis potentiam. Quorum primum quia perdidi: miser
135v sum, sed forte non misera/bilis. Secundum quia offendi:
infelix nimium quia iure dampnabilis. Quia neglexi tuae circa
me gratiae benignitatem: iure tuae contra me formido
sententie seueritatem. Siquidem in aqua misterii tui, in fonte
regenerationis, ubi me de filio ire fecisti filium misericordiae,
15 et de filio perditionis transmutasti in filium adoptionis:
habitaculum mei cordis consecrasti tibi templum
sanctificationis. Sic enim sic nobis in nouam tuae gratiae
creturam á uetustate translatis: ubique terrarum résonat
órganum tuae ueritatis. Nescitis quia templum dei estis uos, et
20 spiritus sanctus habitat in uobis? In illo lauacro salutis

33a/9   *Quorum:* the reference presumably is to the Father and Son
/13-14 *fonte regenerationis:* baptism; cf. Tit 3:5
/18   *creturam = creaturam;* see Textual Notes

136r subarrata ánulo tuae fidei anima mea: / sese tibi fideliter
perseueraturam pactione deuouit legitima. Sed heu me
miserum: miserabili commutatione rerum. Violata pactione
sacramenti: mentitus sum tibi sancto spiritui. Sanctificatum
25 templum tuae pietatis: uerti in delubrum impietatis. Utrobique
miser. In uno reus tibi mendatii teneor: in altero impius et
sacrilegus iudicor. Quoniam mentitus sum quod tecum faedus
pepigeram: horreo prolatam contra mendaces sententiam.
Perdes omnes qui loquuntur mendacium. Quoniam uiolaui
30 templum sanctum tuum: paueo illud tuum | per tuum
praeconem terribile dictum. 'Si quis templum dei uiolauerit:
disperdet illum deus.' Ei michi. Quod tu sanctificasti:
sordibus inquinaui. Sórdibus inquam scelerum, scelerum
136v mul/tiplicium et grauium. Vere multiplicium: quia peccaui
35 super numerum harenae maris. Uere grauium: quoniam
iniquitates mee supergressae sunt caput meum, sicut honus
graue grauatae sunt super me. His peccatorum sordibus: de
tuae te spiritum sanctificationis templo fugaui, et in illud
spiritum abominationis aduocaui. O qualem inhabitatorem
40 expuli: heu qualem hospitem admisi. Inhabitatio tua: totíus
consolationis plenitudo, inhabitatio illius: totius calamitatis
amaritudo. Tua mansio: est uirtutum perfectio, illius
susceptio: flagitiorum omnium accumulatio. Ubi gratia tua
dignatur adesse: nichil boni potest abesse. Vbi illius
137r praesentia: nullius mali déest / absentia. Quid queso boni ibi
relinquitur, ubi [bonum] bonorum | omnium bonum
excluditur? Quid mali non ibi congéritur, ubi principante
malorum omnium auctore | malum dominatur? Ecce unde ego
sum miser dampnabilis, te scilicet sancto ac benigno spiritu ut
50 uereor amisso, et illo iniquo ac maligno spiritu | ut horreo
admisso. Quam ob rem te omnium creaturarum creatore
offenso: omnem in te cui omnia uiuunt creaturam offendi.
Vnde sí meis meritis rependas iustitiam: omnis tuo iussu
creatura concurret in uindictam. Et quo uspiam loci saluandus
55 effugiam: sí te irato: omnia contra me dampnandum exurgant

---

33a/21   *subarrata:* pledged
/31   *Si quis:* I Cor 3:17

in iram? Cui, per quem, ubi, quomodo patebit salutis
137v effugium: contra quem / sese éxerit tuae indignationis
iudicium? Me miserum. Odiosus dei: digne est odiosus etiam
creaturae dei. Iustum est, iustum est. Iustus es domine et
60 rectum iudicium tuum. Quid quaeso faciam? Quo ibo á te? A
facie tua quo fugiam? Quid uspiam michi placabile inueniam,
te in quo sunt omnia contra me prouocato in iram? Sancte
spiritus, spiritus domini, spiritus sapientiae et consilii: doce
me quid faciam. Doce me in ueritate sapientiae tuae: ut sciam
65 quid acceptum sit coram te omni tempore. Dirige me in
bonitate consilii tui: ut in te eripiar á temptatione, et quo
aufugiam in tanta calamitate. Quem enim tu docueris: non
errabit. Quem tuo consilio direxeris: non incertus nutabit. /
138r Non enim suus in illo sensus: sed tuae uirtutis operabitur
70 effectus. Sic sic luce sapientiae tuae irradiatus, et robore
consilii tui subnixus: potero scire quonam loci effugiam, ubi
te qui nusquam ábes: contra me non inueniam. A facie quippe
irae tuae: patet effugium ad locum misericordiae tuae. Ibi ibi
ádes per clementiam parcens: sed ábes per iustitiam puniens.
75 Ibi ádes attrahendo penitentem: sed ábes repellendo
peccantem. Hic hic est locus quo confugiam. Tu es enim
refugium meum á tribulatione quae circumdedit me: quia tu
deus noster es | nostrum refugium et uirtus. Esto queso michi
in deum protectorem: et in locum munitum ut saluum me
138v facias. Tu spiras ubi uis, / et quando uis, et quomodo uis.
Omnium enim es artifex, omnem habens uirtutem. Aspira
michi sancte spiritus aspira, et doce me facere uoluntatem
tuam: quia deus meus es tu. Doce me quaeso ut quod tu uis:
ego uelim, quod tu praecipis: ego possim. Da quod iubes: et
85 iube quod uis. Sic sic ego tibi te docente consentiens: tibi te
iubente audebo dicere confidens. Tuus sum ego: saluum me
fac. Tuus inquam, quia etsi non tuus ideo quia peccator: certe
tuus quia homo. Tuus quia tu es creator meus: oro ut sis et
recreator meus. Récrea quaeso in me integritatem tuae

33a/57   *exerit = exserit*
/77   *refugium:* cf. Ps 45:2
/80   *spiras:* cf. Io 3:8

90 conditionis: reformato in me ad quem me condideras | honore
tuae imaginis. Ea quippe in me peccando deformata: ab
139r in/genita dignitate diuine similitudinis, discessi in
longinquam regionem dissimilitudinis. Ibi pródige dissipata
substantia patris: porcorum delectabar siliquis. Vbi enim
95 sensu acceptae á te rationis, in irrationabiles motus lasciuiente
degeneraui: ab illo primitiuae creationis statu delapsus | heu
miser exulaui. Iam nunc fame compellente deliciarum: domus
paternae recordans in me reuertor, resumptaque spe ueniae: ad
patrem recurrens exclamare cogor, 'Pater peccaui in caelum
100 et coram te: iam non sum dignus uocari filius tuus.' Hoc
inquam exclamo, ut scilicet quam á summo ⟨patre⟩ deficiens
amiseram: ei adherens stolam primam immortalitatis
recipiam. Propter hanc inquam recipiendam | ad patrem /
139v clamo, immo clamandum esse intelligo. Uideo nanque quid et
105 quomodo me clamare oporteat, sed ad id anima mea quomodo
oporteret: necdum ex desiderio suspirat. Vbi uero boni
appetendi | necdum in animam scintillat desiderium: omnis
clamor ad aures dei est silentium. Clamor quippe sanctorum:
est magnum desiderium eorum. Unde uocem magni clamoris:
110 eleuauit sitis illa illius magni desideratoris. Sitiuit anima mea
ad deum fontem uiuum: quando ueniam et apparebo ante
faciem dei? desiderium cordis eius audiuit auris tua domine.
Nam postea introiuit in domum dei: in uoce exultationis et
confessionis. Sed huius desiderii semper expers anima frigida
140r torpet: nisi tua sancte spiritus gratia hanc inflammet. / Deus
meus illumina tenebras meas. Arbitrium quod michi dedisti:
sine luce tua meae tenebrae sunt. Quod quanto liberius tibi
famulatur: tanto magis liberum rédditur. Sed recedens á te
cum libertate abútitur: in turpissimam seruitutem deuoluitur.
120 Hoc tuo sancte spiritus bone conditor, hoc inquam tuo bono

33a/93   *prodige:* cf. Lc 15:11-32
/99   *Pater:* Lc 15:21
/107   *animam:* the expected form is *anima*
/110   *desideratoris:* one who desires strongly
   Sitiuit: Ps 41:3
/113   *domum:* Ps 41:5
/116   *illumina:* cf. II Sm 22:29

non bene útens, cum conditionis ordinem subuerti: pro paena
peccati | in tenebras interiores male liber decidi. Sed tu deus
illuminator tuorum: ostende michi quaeso lucem
miserationum tuarum. Illumina oculos meos ne unquam
125 obdormiant in morte: sed uigili semper intuitu ad deum
intendant, qui euellat de láqueo pedes meos: et gressus meos
dirigat secundum eloquium suum, ut non dominetur mei
omnis iniustitia. Hoc in his quos tuos facis sancte spiritus |
140v tua / operatur illuminatio: quae humanae mentis ad amorem
130 aeternorum est inflammatio. Tu enim deus noster ignis
consumens es. Per tui amoris ignem: consume in me
peccatorum rubiginem. Anima mea: amore amoris tui
liquefiat, et salubri tuae caritatis uulnere languescat. Sic sic
mentem meam uis illa tui igniti amoris in se absorbeat: ut ad
135 carnis et mundi desideria insensibilem reddat. Tu deus meus
sancte spiritus, tu es ille ignis quem dominus meus Iesus
Christus uenit in terram mittere, et uoluit uehementer ardere.
Ardeat oro ardeat hoc igne terra mea, ut quae próferens spinas
et tribulos meruerat maledictionem: te incendente renouata
140 accipiat benedictionem. Scilicet cor meum quod terrena
sapiens terra est et ideo cibus antiqui serpentis: afflatu
141r immutationis tuae | quae sursum sunt / querens: fiat caelum
tui praesidentis. Quos enim tua inhabitatione dignos facis:
potentissima pietate caelos tibi constituis. O sancte spiritus
145 uehemens ignis, ardenter suauis et suauiter ardens, lux et
flamma cordium, non corrumpendo incendens, sed á
corruptione renouans: carnalem terram animae meae | exure
incendio caritatis tuae. Tuis exculta disciplinis tibi seruiens
spiritui: tota fiat spiritualis. Quae frigida in iniquitate
150 torpuerat: iustitiae ámore incandens ignescat. Tua uirtus
omnia penetrat: nec est qui se á calore tuo abscondat.
    Sancte spiritus qui dudum super apostolos uenisti in lingua
et igne, ut illos et uerbo eruditos, et amore tuo faceres

33a/124   *Illumina:* Ps 12:4
  /136   *ignis:* cf. Act 2:1-4
  /150   *incandens:* glowing
  /152   *apostolos:* cf. Act 2:2-4

feruidos: da queso et michi linguam eruditam, ut sciam eum
141v qui lassus est sustentare uerbo. Da michi et flammam / tui
amoris: ut nec tribulatio nec angustia, nec mors, nec uita, nec
ulla creatura | possit me separare á caritate tua. Presta michi
peccatori, ut quod uiuo, quod sapio, quod ago: totum tua
gratia tuos refundat in usus, totumque pii amoris flamma
160 concremetur in holocaustum: in odorem suauitatis tibi
oblatum et acceptum. Sic sic concupiscat et deficiat anima
mea in atria domini, cor meum et caro mea exultent in deum
uiuum, qui uiuit et regnat per omnia secula seculorum. Amen.

33b

Paraclite spiritus, deus totius consolationis, spiritus ueritatis,
quem mundus non potest accipere: iudica me et discerne
causam meam de mundo, qui spiritum ueritatis non potest
accipere. Da michi mundi cordis oculos: quibus uidearis, da
142r michi scientiam qua cognoscaris. / Nam quia haec tuae
gratiae dona non habet mundus: nec te uidere, nec te scire est
dignus. Deus meus, illuminatio mea, sancte spiritus qui spiras
ubi uis: auerte oculos meos ne uideant uanitatem mundi,
quem tu in tuis et per tuos: arguis de peccato, et de iustitia, et
10 de iudicio. Misericors et miserator domine, cuius miserationes
super omnia opera tua, ne á te in ira tua arguar cum hoc
mundo: fac me annumerari in sorte illorum, quos dominus
meus Iesus Christus elegit de hoc mundo. Deus uirtutum cui
subest in omne quod uolueris posse, qui de uasis irae facis
15 uasa misericordiae: fac me exortem mundi, qui in maligno

33a/161   *concupiscat:* Ps 83:3
33b/1   *spiritus ueritatis:* Io 14:17
/2   *iudica me:* Ps 42:1
/7   *illuminatio:* cf. Ps 26:1
            spiras: cf. Io 3:8
/13-14 *cui subest ... posse:* 'to whom belongs the power in every case to do
            what you will'
/14   *uasis:* cf. Rm 9:22-3
/15   *exortem = exsortem*

positus: ab illa domini Iesu ad patrem oratione est exclusus.
'Non' inquit 'pro mundo rogo: sed pro his quos dedisti
142v michi, / quia tui sunt.' Potens et efficax oratio. Saluantur
omnes: qui in illam admittuntur. Dampnantur omnes: qui inde
20 repelluntur. Infelix mundus: quem ille abhorret per quem
saluatur mundus. Plane infelix, et irrecuperabiliter infelix: pro
quo orare non dignatur, sine quo nil prorsus boni cúiquam
conceditur. Eia anima mea: considera efficatiam orationis
Christi. Qui inde excluduntur: á deo separantur. Pro quibus
25 fúnditur: coheredes Christi efficiuntur. Excitare nunc de
somno tuo, excútere de torpore, éxere uires tuas, sóluere in
lacrimas. Tota fide, tota spe, tota qua potes caritate: offer
domino deo tuo spiritui sancto | humiliati uictimam péctoris,
et sacrificium contriti cordis. Postula illum: ut postulare te
30 faciat gemitibus inenarrabilibus, quatinus illorum numero te
aggregari iubeat: pro quibus deus homo deum patrem
143r postulat. Quod ut impetrare uale/as: det tibi ut scias et possis
seipsum spiritum ueritatis inuocare in ueritate. Prope est enim
omnibus inuocantibus eum in ueritate. Spiritus est deus, et
35 ideo qui adorant eum: oportet in spiritu et ueritate orare. Hoc
credo, propter quod et loquor te sanctum spiritum cum
omnipotente deo patre et omnipotente deo filio: unum esse
omnipotentem deum. In hac fide supplex te oro: doce me
adorare te in spiritu et ueritate. Propter nomen tuum: pérfice
40 in me promissum gratiae tuae. Promittis enim illi: quem
gratuito dignaris spiritualem facere tibi. 'Sustollam te super
altitudinem terrae.' O salutarium infusor unctionum: sustolle
animam meam ut ima omnia | intentione summorum excedat,

33b/17   *Non:* Io 17:9
/25   *coheredes:* Rm 8:17
/26   *excutere:* cf. Anselm, *Med.* 2.4 (ed. Schmitt)
/27   *fide:* I Cor 13:13
/28   *humiliati:* cf. Ps 50:19
/34   *Spiritus:* Io 4:24
/41   *Sustollam:* Is 58:14

eisque dum illa non áppetat: libertate quadam se superesse
45 sentiat. Vt terrena omnia quae concupíta mentem opprimere
143v poterant: despecta subter / iaceant. Ut in mundo mundum
transiliens, dum mutabilia cuncta tránsuolat: fixa intentione
incommutabili adhereat. Ibi in contemplatione creatoris
sulleuata uideat, quia omne quod infra ipsum est: ei sufficere
50 non debeat. Hoc tui solius gratia sancte spiritus operatur in
tuis: diuidens singulis prout tu uis. Uelis oro te deus meus,
uelis hoc operari in me: ut anima mea sitiente deum fontem
uiuum, lacrimae meae sint michi panes die ac nocte. Haec
compunctio | omnes imaginationes corporeas insolenter
55 obuiantes | ab anima mea decutiat: et cordis oculum ipsi radio
incircumscriptae lucis intendat. Ut eam nulla imaginatio
circumscriptae uisionis illudat: diuinae semper
contemplationis ueritatem comprehendere quaerat. Sic per te
144r á mul/tis in unum se ad unum colligat: ut magna ui amoris
60 esse unum atque incorporeum semper contemplari áppetat.
Hac desiderii flamma sancte spiritus cor meum cóncrema,
quoniam ad hoc appetendum nullo exurget conámine: nisi tui
incendii ardeat lumine. Veni ergo ueni creator spiritus: récrea
creaturam tuam, ut ex animali in spiritualem commutatus:
65 quae sursum sunt quaeram, quae sursum sunt sapiam, ut ita te
ualeam spiritum deum: in spiritu et ueritate sicut oportet
adorare, qui cum patre et filio es deus super omnia benedictus
in secula. Amen.

33b/44-5 *eisque ... sentiat:* 'and so long as it (the soul) does not desire them
(the depths), may it feel itself to be transcendent in a kind of
liberty'
/52 *anima:* cf. Ps 41:3
/53 *lacrimae:* cf. Ps 41:4
/60 *esse:* being, essence (substantive)
/62 *exurget = exsurget*
/63 *ueni creator spiritus:* the opening line of the well-known hymn to the
Holy Ghost

33c

Deus dator donorum: et donatoris dei donum, deus dilectionis
et pacis, deus coaeterna patris et filii caritas, per quam in
cordibus fidelium diffunditur caritas, per quam tota nos
inhabitat trinitas: tu sancte spiritus digitus dei: scribe oro te /
144v in tabulis carnalibus cordis mei: plenitudinem legis dei. Ibi te
magistro discam deum et proximum diligere, et in utroque
diligendo: modum et ordinem diligendi tenere. Diligam
deum: totius cordis, totius animae, totius uirtutis annisu, ut
suae dilectionis: non alius quam ipse michi sit finis. Diligam
10 et proximum: sed in deo et propter deum. Hoc tuae sancte
spiritus gratiae oleo, hoc inquam oleo: sicut adipe et
pinguedine repleatur anima mea, et de puro corde et
conscientia bona et fide non ficta: medullata per singulos dies
tibi offerat holocausta. Sic certe potero dicere sicut est
15 dicendum: 'dominus Iesus,' quod ut tu per tuum organum
dicis: 'nemo potest dicere | nisi in spiritu sancto.' Illud dicere |
145r non est per sillabarum morulas in ore nostro fugitiuum: / sed
per te in corde nostro mansurum. Da ergo deus meus, da
michi ut sicut oportet dicam: 'dominus Iesus.' Dicam illud:
20 dicam animo, uerbo, facto, corde, ore, opere. Qui sic dicit: in
te utique spiritu sancto dicit. Et nemo sic dicit: nisi qui diligit,
et qui sic diligit: id quod est diligendum sicut est diligendum
diligit. O tu deus, caritas dei: doce me in te spiritu sancto,
'dominus Iesus' dicere, quod nisi tu docueris: nemo potest
25 addiscere, et utique beatus homo quem tu erudieris domine.
Tuo itaque doctor tuorum, tuo inquam magisterio doceatur
anima mea dicere, 'dominus Iesus': cogitando, retractando,
diligendo, gustando et uidendo | quam suauis sit dominus
Iesus. Sed hoc dilectionis quo non aliud donum tuis

33c/4   *digitus dei:* cf. Ex 8:19
/6   *deum et proximum:* Mt 22:37-9
/11   *adipe:* Ps 63:10
/13   *medullata:* Ps 65:15
/16   *nemo:* I Cor 12:3
/17   *sillabarum morulas:* 'brief successions of syllables'
/25   *beatus homo:* Ps 93:12

30 excellentius á te donatur: indignis meis meritis non debetur.
145v Cur ergo postulare praesumo? Quia ubi abun/dauit peccatum:
superabundare solet gratia tua. Quia benignus et praestabilis
es super malitiam. Quia misereberis cuius misertus fueris.
Quia cuius uis misereris: et quem uis obduras. Quia neque
35 uolentis neque currentis: sed miserentis est dei. Quia sine
penitentia: sunt dona et uocatio tua. Nullius bonum meritum:
tuam gratiam antecedit, sed gratia tua: omne in electis tuis
bonum ṕraeuenit, auget, conseruat, remunerat. Gratia tua
nullum sanctum inuenit: multos efficit. Abundantia pietatis
40 tuae: merita súpplicum excedis et uota. Solus de indignis
dignos, de immundis mundos: de peccatoribus iustos et
sanctos facis. Eligis infirma mundi: ut confundas fortia. Eligis
stulta: ut confundas sapientes. Eligis ignobilia mundi et
contemptibilia: ut non glorietur in conspectu tuo omnis caro.
146r Hanc tui operis piam / omnipotentiam, et omnipotentem
pietatem, quidam á te illuminatus tuae uirtutis preco
considerans, sed in ipsa consideratione sua deficiens:
exclamat, 'O qualis est artifex iste spiritus.' Nulla ad
discendum mora agitur. In omne quod uoluerit: mox ut
50 tetigerit mentem docet. Solumque tetigisse: docuisse est. Nam
humanum animum subito ut illustrat: immutat. Abnegat hunc
repente quod erat: éxhibet repente quod non erat. Hanc tuae
recreatricis gratiae potentiam, ille uerbi tui minister dum
annuntiat: memoriam abundantiae suauitatis tuae nobis
55 eructat. Cuius suauitatis uel tenuem gustum: tu quaeso et in
me clementer operare, quia sine te opifice: omnino expers ero
dulcedinis tuae. Quam magna multitudo dulcedinis tuae
146v domine: quam ṕérfecisti / sperantibus in te. Ad quam in me
quandoque perficiendam: da michi nunc ut per uitae
60 immutationem: transferar in tuorum operum
contemplationem. Nec ad hoc petendum praecipiti impellor

33c/31   *abundauit:* cf. Rm 5:20
/32   *praestabilis:* Ioel 2:13
/35   *uolentis:* Rm 9:16
/55   *uel tenuem:* 'however faint'; cf. line 65, *uel tenuiter*
/57   *Quam magna:* Ps 30:20

temeritate: sed quantum et quomodo tu scis michi expedire:
concedas michi ea quae tua sunt, meditando pie sobrieque
reuoluere. Scilicet, ut continua horum meditatio: ad
65 suauitatem tuam uel tenuiter degustandam michi sit
praeparatio. Suauitas degustata: tuam in corde meo constituat
habitationem. Tua inhabitatio: ad illam beatae inhabitationis
me perducat aeternitatem: ubi tu deus finis infinitus, eris
omnia in omnibus. Ibi ibi magnam illam multitudinem
70 dulcedinis tuae quam abscondisti timentibus: pérficis
sperantibus in te. Quo beatitudinis fine ut tuos sanctos
corones: tu domine deus uirtutum | tuum cum patre et filio
147r operatus es opus / unum prae caeteris omnibus quae fecisti ac
singulare, singulariter seculis omnibus admirabile, caelis et
75 terris uenerabile, hominibus et etiam angelis ita sicut est:
impenetrabile. Hoc est, hoc est illud opus: quod speciale
omnium operum tuorum culmen et decus, singularitatis
priuilegio in uirgine supereminet puerpera.
    Haec est illa uirgo, cui per tuae dispensationis
80 internuntium: nouae salutationis mandasti mysterium, in
aeterno sanctae trinitatis consilio praeordinatum et decretum.
Aue Maria gratia plena: dominus tecum, benedicta tu in
mulieribus. O quantum honoris, ó quantum gratiae ista
praefert salutatio. Honoris: quod eam talis ac tantus per talem
85 ac tantum, deus per archangelum salutat. Gratiae: quod
plenitudine omnis gratiae exuberat. Audita tali salutatione:
audit et salutationis causam, quod scilicet magnificae prolis
147v faecundanda / sit conceptu et partu. Iamque certa
faecunditatis, sed sollicita conseruande quam prima omnium
90 deo uouerat uirginitatis: modum concipiendi addiscit. Spiritus
sanctus superueniet in te: et uirtus altissimi obumbrabit tibi.
Hoc tui solius cum patre et filio artifex spiritus est opus, haec
gratia, haec potentia. Gratia: qua uirginem in solos diuinos
usus praeparasti, potentia: qua ipsam ante partum, in partu,
95 post partum: semper uirginem conseruasti. Ad hoc tante

33c/69   *magnam:* cf. Ps 30:20
    /82   *Aue Maria:* Lc 1:28
    /90   *Spiritus:* Lc 1:35

nouitatis miraculum mundus obstupescit: cuius in cunctis
retro seculis experientiam non habuit. Haec est illa nouitas,
qua te iubente cuius uoluntas est rerum natura: institutio
cessat nature. Nouitas: quam nullum praecessit, nullum est
100 secutum, nullum unquam sequetur exemplum. Nouitas: qua
148r nouus homo / ex noua matre, nouo egreditur ordine. Nouus
homo: quia homo deus. Noua mater: quia mater uirgo. Nouus
ordo, quia hic nil operatus est pater homo. Nouus ordo: quia
quae genuit, et mater est et filia illius quem genuit. Mater
105 inquam et filia: quoniam ipse filius matris: idem est et creator
matris. Nec tam mirandum, quod femina genuerit hominem:
quam stupendum et uenerandum quod eadem femina uirgo
pepererit eundem hominem deum. Hic tua sancte spiritus
omnipotens operatur uirtus, hoc tuae operationis mysterium,
110 omnem creaturae exúperat sensum. Credimus nanque filium
dei incarnatum, sed huius incarnationis non possumus
inuestigare modum. Altum nimis est et inscrutabile
profundum: quonam modo | ex te spiritu sancto deum uirgo
148v conceperit, eademque uirgo / eundem deum uerum et
115 hominem genuerit. Aut quomodo is qui á sinu patris nunquam
recedit: idem totus apud patrem manens: totus in uterum
uirginis uenerit. Aut quomodo qui nullo angustatur loco:
uirginei uentris sit angustatus hospitiolo. Quo pacto in
tempore temporalis extiterit: qui aeternitate omnia tempora
120 praecedit. Qua ratione summus omnium spirituum spiritus
incorporetur: et creator inter ea quae creauit creetur. Nec
tamen deus in hominem, uel aeternus in temporalem, aut
spiritus mutatus sit in carnem: sed integra utriusque naturae
proprietas | et confusionem respuat: et personarum diuisionem
125 non admittat. Tua sunt haec sancte spiritus opera: plus quam
quis digne possit admirari miranda. Haec quantum tu nobis
largiri dignaris fides admittit: sed humana ratio nulla
149r comprehendit, nisi / quod nobis tota ratio tui operis: est
uoluntas et potentia facientis. Huic tanto tam inscrutabili tuo

---

33c/104   *mater est et filia:* for a similar paradox, see Anselm, *Or.* 10.197ff.
             (ed. Schmitt)
     /115   *sinu patris:* cf. Io 1:18

130 operi coniunctionis dei et hominis: conuenientem quasi
officinam elegisti tibi et praeelegisti castissimum intemerate
uirginis uterum, ubi tu mirabilis opifex | tuo afflatu et igne:
duas et diuersas ita in unum copulasti substantias: ut deus
homo factus: nec naturarum copulatione confusus, nec
135 naturarum distinctione esset geminatus.

34

Uirgo mater et mater dei, caelo et terrae uenerabiliter
amabilis, et amabiliter uenerabilis: quam beata tu es, quam
benedicta tu es. Beata inquam: quoniam omnium beatorum
post deum beatissima. Benedicta: quoniam omnium
5 benedictionum gratiam consecuta. Te prae cunctis solam: in
solius diuinitatis spiritus sanctus assumpsit ministerium. Deus
149v quippe dei sapientia re/dempturus genus humanum: tuum
uterum sibi consecrauit, per quem solum uiam haberet in
mundum. Solum inquam uterum tuum: suae deitatis
10 reclinatorium, et humani generis fecit esse propitiatorium.
Inde in consilium salutis mundi: uenit nobis angelus magni
consilii. Ó mater intacta, uirgo puerpera, quam pulcra es,
quam speciosa: ex qua celo et terrae gaudium: processit
speciosus forma prae filiis hominum. Te domina talem ac
15 tantam quanta nec cogitari potes: omni qua possum precor
uirtute, interpella pro me auctorem conceptionis tuae ac
partus spiritum sanctum, ut cuius operatione tuum et
uniuersorum genuisti uirgo dominum: suum propter te et per
te in meo corde operetur habitaculum. Vt eius in me mansio:
20 michi sit doctrina ueritatis, et peruentio in regnum suae
150r caritatis. Tu / sancte spiritus | cuius tanta in hac uirgine
redundat gratiae plenitudo, ut quicquid est excellentius illa,
quicquid beatius: nichil sit aliud quam ipse deus: oro te
inspira illi ut apud te uelit pro me orare, cui uolenti: tu non uis

---

34/10   *reclinatorium:* place of rest
  /14   *speciosus:* Ps 44:3
  /16   *interpella:* intercede

25 quicquam denegare. Tantum de tua confido pietate, tantum de
illius apud te familiaritate: ut illam matrem misericordiae,
audeam mediatricem ponere inter mé et iudicium iustitiae
tuae. Cum enim tu dederis illi uelle apud te orandi pro me:
credo firmiter, statim me reconciliabit gratiae tuae. Illa igitur
30 mediante: placare michi indigno sancte spiritus, et illas michi
preces súggere: quas interpellante illa | tu digneris propitius
exaudire. Sine te nanque: preces omnes casse creduntur et
indigne dei auribus. Veni ergo nunc ueni alme spiritus
septiformis munere: unus idem cum patre et filio deitate. /
150v Veni, teque cordi meo á uitiis expurgato dignanter ingere,
quia impossibile est michi sine te tibi placere. Ueni spiritus
sapientie: inspira michi sapientiam, non huius seculi quae
destruetur: sed quae desursum est descendens á patre
luminum. Ueni spiritus intellectus, da michi intellectum, ut
40 scrutando legem tuam: custodiam illam in toto corde meo.
Veni spiritus consilii, suggere michi illud in quo habitat
sapientia consilium, quae dicit, 'ego sapientia habito in
consilio, et eruditis intersum cogitationibus.' Ueni spiritus
fortitudinis, immitte michi fortitudinem contra omne quod
45 tibi aduersatur, quia tu es spes mea, turris fortitudinis á facie
inimici. Ueni spiritus scientie, infunde michi scientiam, non
eam quae inflat: sed quae caritatis consummatione mentem
illuminat. Veni spiritus pietatis, da michi pietatem in deum:
pure illum / ⟨colendi, et pietatem in proximum sincere eum
50 diligendi. Veni spiritus timoris domini, da michi timorem
domini, non quo seruus dominum, sed quo filius timet patrem,
timorem domini castum et sanctum, permanentem in seculum
seculi. Hec á te qui es remissio omnium peccatorum, et

34/30 *mediante:* mediating
/34 *munere:* grace
/36-50 *spiritus sapientie, intellectus, consilii, fortitudinis, scientie, pietatis,*
timoris domini: the seven gifts of the Holy Spirit, here given in
reverse of the usual order. See Wilmart, *Auteurs spirituels* pp.
457-73.
/42 *ego:* Prv 8:12
/45 *turris:* cf. Ps 60:4
/47 *inflat:* I Cor 8:1

largitor omnium bonorum, hec inquam á te ex parte secundum
55 mensuram donationis tue accepta, animam meam in amorem
eternorum accendant, quorum inflammata desiderio, cupiat de
mortis huius corpore dissolui, et esse cum Christo, tibi ad
plenum inebrietur ab ubertate domus tue, et torrente
uoluptatis tue potes eam. Ibi de te qui fons es uite, fons aque
60 salientis in uitam eternam, semper et sine fastidio bibat
indeficiens omnis gratie delectamentum, quod uidelicet est
dei cum secura eternitate, et eterna securitate delectabile
desiderium, quod beati ciues regni tui semper esurientes
semper bibunt, et quo semper satiati nunquam fastidiunt,
65 quoniam semper delectabiliter desiderant: quod eternaliter
possident. Huius queso beati desiderii beatam sitim, huius
beate sitis beatum desiderium, cum beatis quandoque
beatificata experiatur anima mea, in ulla tue suauissime
solempnitatis gloriosa frequentia, in qua summe beatitudinis
70 est copiosa sufficientia, ubi tu deus spiritus sancte cum deo
patre, et deo filio replens in bonis desiderium omnium
sanctorum, manes consolatio, pax, requies, uita, salus, honor,
et plenum gaudium illorum, per omnia secula seculorum.
Amen.⟩

(35)
(added in a later twelfth-century hand)

151r Domine Iesu Christe, fili dei uiui, qui temetipsum

(36)
(added in a later twelfth-century hand)

151v Domine Iesu Christe, fili dei uiui, qui es uia ueritas

34/57   *dissolui:* Phil 1:23
/58   *inebrietur:* Ps 35:9
/59   *fons aque:* Io 4:14

(37)
(added in a later twelfth-century hand)

152r Sancta Maria, templum sancti spiritus: pretende michi umbraculum

(38a)
(added in a later twelfth-century hand)

152v Omnipotens mitissime deus: largire michi seruo tuo fidem

(38b)
(added in a fifteenth-century hand)

153r ⟨O⟩ bone Iesu, o dulcissime Iesu, o piissime Iesu

(39)
(added in a later twelfth-century hand)

155v Deus qui beate Marie uirginis conceptionem angelico uaticinio

(39)/1 The Collect for the Conception of the Virgin, as in the *Leofric Missal*, ed. F.E. Warren (Oxford 1883), p. 268

TEXTUAL NOTES

Sigla

The numbers in parentheses refer to the items in this edition contained in the manuscript or printed edition; see the Bibliography for works cited by short title.

A	BL MS. Arundel 155 (**3, 4, 8b**)
B	Oxford, Bodleian Library MS. Laud Misc. 79 (**8a, 8b**)
C	BL MS. Cotton Vespasian A.i (**8a**)
L	Oxford, Bodleian Library MS. Laud Misc. 508 (**1, 4, 5a, 20, 28, 33a, 33b, 33c, 34**)
P	Cambridge, Pembroke College MS. 154 (**1**)
S	London, Society of Antiquaries MS. 7 (edited here)
V	BL MS. Cotton Vespasian D.xxvi (**1, 20, 22, 24, 25a, 25b, 28**)
Tr	Troyes, Bibliothèque municipale MS. 1742, ed. André Wilmart, *Precum libelli* pp. 21-4 (**3**)
Wi	Verdun, Bibliothèque municipale MS. 70, collated in André Wilmart, *Auteurs spirituels* pp. 573-7 (**5a**)
Blume	*Analecta hymnica* 20.154-5 (**25a**), 46.176-8 (**25b**), 46.250-51 (**29**)
Migne	Patrologia Latina 101.580-82 (**6**)
Mone	*Lateinische Hymnen* 1.359-60 (**7**)
Schmitt	*Anselmi opera omnia*, ed. F.S. Schmitt
corr.	The corrector of S. Where the corrections are clearly later than the main hand, this is noted. *Corr.* without qualification means the correction may or may not be in the main hand. Routine corrections that are certainly the scribe's own are not recorded.

1/rubric	*The same heading is found in L; in S a fourteenth-century hand has added the title* Meditationes Augustini et meditationes Anselmi
1/7	concede *SLV:* michi *add. late corr.:* concede michi *P*
1/9	serenum: *altered from* seruum *late corr.:* serenum *LPV*
1/22	ebitudinem: ebetudinem *late corr.*
1/34	sed *SPV:* omnes *add. late corr.:* sed omnes *L*
1/41	puplicani *S:* publicani *LPV*
1/43	factor: omnium factor *late corr.:* omnifactor *LV:* omnium factor *P*
1/63	pollicitus *SLV:* es *add. late corr.:* pollicitus es *P*
1/76	sim *SLV:* de numero *add. late corr.:* sim unus eorum *P*
1/77	*first* tempore *SLPV:* pacis *add. late corr.*
1/83	Acta uita *SLP:* aucta uita *V*
1/87	odio dignus *SLV:* peccator odio dignus *late corr.:* odio quis dignus *P*
1/104	que: q *S,* e *add. late corr. to make the suspension for* que
1/110	quasi *add. late corr.: om. SLV:* quociens ut *P*
1/116	signans: -ns *add. late corr. on erasure:* signasti *LPV (cf. Iob 14:17)*
1/132	et: ceu ad uerbum solicitudinis uel sicut quasi quam admonitio tanquam *add. late corr.*
1/145	consentiui *S, possibly altered from* consenui: consenui *LPV*
1/157	quia *SLV:* me *add. late corr.:* quia ita *P*
1/157	formasti *SLPV:* in- *add. late corr.*
1/159	filio: *add. late corr. on erasure, probably to replace* puero: puero *LV:* filio *P*
1/162	deus: *round-backed d altered by late corr. from another letter form*
1/201	flebilis *SLV:* Maria Magdalene *add. late corr.:* flebilis Maria *P*
1/231	eum *P: om. SLV (cf. Ps 93:12)*
1/311	exoluit: exsoluit *late corr.*

1/313	humilitas: *corr. from* humitas *late corr.*
1/316	admisi: *corr. from* amisi *late corr.:* admisi *LPV*
1/357	iustificationes: tuas *add. late corr.:* panes tuas die ac nocte inuestigando iustificationes *LV:* die ... iustificationes *om. P*
1/361	meis: *P ends here*
1/380	iuuentutis: -tutis *add. late corr.:* iuuente *L:* iuuentutis ... uexatam *om. V*
1/384	placatio: *altered to* plantatio *late corr.:* placatio *LV*
1/389	errabundam *SLV:* ouem *add. late corr.*
1/416	deluatur *S:* diluatur *LV*
1/425	filius *SL:* dei *add. late corr.:* deus *V*
1/448	collustrando: collustrandos *late corr.:* collustrando *LV*
3/19	obnixium: obnoxium *late corr.*
3/22	fortia *S:* fortes fuere *A:* fortes *Tr*
3/38	coinquinauit *S:* coinquinavi *Tr*
3/38	deditum *S:* deditus *A*
3/39	satiatum *S:* satiatus sum *A*
3/45	criminibus *S:* hominibus *Tr*
3/46	obnixium: obnoxium *late corr.*
3/61	obnixium: obnoxium *late corr.*
4/1	prius *S:* primum *A*
4/6	humillime *S:* humillimus *A: om. L*
4/8	obnixium: obnoxium *late corr.*
4/28	merear: *add. late corr.:* merear *AL*
5a/4	custodias: *corr. from* custodies *main hand*
5a/18	delectat *S:* delectet *LWi*
5a/21	quod petam ut audias *S:* ut quod peto audias *LWi*
5a/26	noceat *S:* nocet *LWi*
5a/50	liberet *S:* merear liberari *LWi*
5a/51	Secundum clementiam ac *Wi:* sanctam ac clementiam *S*
5a/74	in funere *S:* funere *L*
5b/32	impotenter: *altered to* impudenter *late corr.*
5b/42	huius: *a Greek cross follows this word*
6/2	exaudias *S:* liberes *Migne*

6/5	prodit *S:* perdit *Migne*
6/11	concinunt *S:* concinant *Migne*
6/39	ammonetur *S:* admonemur *Migne*
6/42	bene: *corr. from* bone *late corr.*
6/48	uictoriam *S:* uictoria *Migne*
6/50	unis *S:* munis *Migne*
6/54	pacem *S:* panem *Migne*
6/73	per lustra *S:* perlustrat *Migne*
6/74	in ortus *ed. (cf. Augustine,* Solil. *1.4; PL 32:871):* motus *S*
6/75	constantiam *S:* continentiam *Migne*
6/124	nichilque: nichil quia *late corr.*
7/1	et: *add. late corr.*
7/2	manes *S:* regnas *Mone*
7/3	Tu *S:* Nunc *L, Mone*
7/10	protectio *S:* defensio *L, Mone*
7/32	te precanti *S:* deprecanti *L, Mone*
7/33	dator *S:* doctor *L*
8a/7	dignitate *BC:* dignitatum *S*
8a/11	perlustras: *corr. from* perlustres *main hand*
8a/13	restauras: *corr. from* restaures *main hand*
8a/23	sustinens *S:* sustinuit *C*
8a/26	gemme *S:* gemma *B*
8a/27	*first* ut: *add. late corr.:* ut *BC*
8a/28	feracem *S:* felicem *C*
8b/1	es *S:* cum sis *AB*
8b/8	sanctae: *Greek cross added here above line by late corr.*
20/rubric	quemcunque: *written on erasure*
20/1	seruule *S:* homuncule *LV, Schmitt*
20/1	*first* tu *LV, Schmitt: S has gap of appropriate size*
22/4	Obsecro *S:* Obsecro te piissima *V*
22/4	misericordissima: *corr. from* miseridissima *late corr.*
22/16	*second* Audi *ed.:* Au *S,* -di *om. scribe:* Audi propitia *om. V*
22/33	nudis et atritis pedibus *S:* nudus bonis et attritus peccatis *V*

22/37	benedicta *S:* miseratrix *V*
22/57	audet: petere *add. late corr.:* habet illam uirginalem tuis *V*
22/60	uicinus *S: om. V*
23/1	Sancta: *corr. from* santa
24/21	sacratissima *S:* sacratissimi *V*
24/27	*second* dei: est *add. late corr.:* dei est *V, Migne*
24/36	opimus *S:* optimus *V*
25a/7	patens *S:* potens *V*
25a/12	formosa *S:* frondosa *V, Blume*
25a/21	Uitis *S:* Mitis *V*
25a/21	dulcis uua *S:* dulcissima *V*
25a/22	sitientis *S:* sitientem *Blume*
25a/39	pia *S:* tu *add. V, Blume*
25a/44	lucet: *corr. from* lucent
25a/45	solem *S:* sole *V, Blume*
25b/2	unicum *S:* filium *V, Blume*
25b/20	principium *S:* iudicium *V, Blume*
25b/35	Et *S:* Ut *V, Blume*
25b/56	qui *S:* quod *Blume*
25b/57	*stanza om. V*
25b/73	meis *S:* mei *V, Blume*
25b/85	Sors *S:* Mors *Blume*
25b/94	nunc *S:* nec *Blume*
25b/107	recedit: recedet *corr.:* recedet *V, Blume*
25b/117-25	*om. V*
25b/130	prospice *S:* dirige *V, Blume*
25b/133-86	*om. V*
25b/133	obsecro: *corr. from* obsero *late corr.*
25b/134	mali *S:* maris *Blume*
25b/188	cuius ualet *S:* generale *Blume*
28/7	perferat *S:* proferat *LV*
28/16	conuulnerarunt: conuulnerauerunt *late corr.:* conuulnerarunt *L:* uulnerauerunt *V*
28/16	illam *S:* eam *LV*
28/17	pene *S: om. LV*
28/31	exequendo *LV:* exquendo *S*
29/30	facies *S:* facias *Blume*

29/42	Me *S:* Te *Blume*
29/54	fine *S:* sine *Blume*
30/23	subiacet: *corr. from* subiaceat
31/20	nonque *late corr.:* non quae *S*
31/33	omne: omnem *late corr.*
33a/1	Sancte *L:* ancte *S, with space left for large initial*
33a/18	creturam *S (but see* 33a/52, 59)*:* creaturam *L*
33a/39	spiritum *L:* spiritus *S*
33a/46	ubi bonorum *L:* ubi bonum bonorum *S*
33a/80	quomodo uis *S:* et quantum uis *add. L*
33a/101	patre *L: S has erasure of appropriate size*
33a/125	obdormiant *S:* obdormiam *L*
33a/158	peccatori *ed.:* peccator *LS*
33b/35	orare *S:* adorare *L (cf. Io 4:24)*
33b/43	omnia *S:* omni *L*
33b/46	iaceant: *corr. from* iacent *main hand:* iaceant *L*
33b/60	appetat: *corr. from* appetit *main hand:* appetat *L*
33c/12	et de puro *S:* ut de puro *L*
33c/70	timentibus *SL:* te *add. late corr.*
33c/73	*The fourteenth-century hand marks this folio, 147r, as beginning item 34, and has written in the margin:* De incarnatione domini nostri Iesu Christi: et gloriosa uirgine Maria matre eius. *Following Ker, I begin item 34 at fol. 149r, where there is a large initial; there is none on this folio.*
34/12	pulcra: pulchra *corr.*
34/21	caritatis *SL:* claritatis *late corr.*
34/26	te *SL:* praesumo *add. late corr.*
34/49	colendi: *from this point item 34 is completed by Bodleian Library MS. Laud Misc. 508*
38b/1	O bone Iesu *ed.:* bone Iesu *S, with space left for initial*

Printed in Canada